Thich Nhat Hanh

Schritte der Achtsamkeit

W0176875

HERDER / SPEKTRUM

Band 4720

Das Buch

Bodh Gaya ist der Ort der Erleuchtung Buddhas. Von diesem Ort in Indien ging der Buddhismus aus. Er ist das Ziel einer Pilgerreise, das der vietnamesische Zen-Mönch Thich Nhat Hanh, einer der weltweit wichtigsten buddhistischen Lehrer, 1997 mit einigen Ordensbrüdern und -schwestern unternommen hat. Der Schweizer Filmemacher und Künstler Thomas Lüchinger hat ihn auf dieser Reise begleitet, hat ihn beobachtet, ihn befragt und diesen Weg mit der Kamera so dokumentiert, daß sein eigentliches Ziel deutlich wird. Diese indische Pilgerreise wird zu einer Reise zu uns selbst: Schritt für Schritt, Atemzug für Atemzug. Wie auf jedem Weg, den wir in unserem Leben gehen, das Wunder und das Geheimnis unseres Daseins deutlich werden und sich erschließen kann, wenn man bewußt und achtsam im Hier und Jetzt lebt, so zeigt es sich auch hier: Leben ist jetzt. Schritt für Schritt, Wort für Wort, lernen wir einen Menschen kennen, der seine Aufmerksamkeit dem Großen Geheimnis des Lebens widmet, das sich in kleinen und für viele belanglosen Dingen erschließen kann: Das Herz des Buddha in sich selber berühren, sich um sich selber und um die Erde bemühen, die wunderbaren Momente des Lebens in der Gegenwart zu ergreifen, die Kunst des Bei-sich-selber-Ankommens als Ziel der Lebensreise zu verstehen – das ist die Botschaft dieser Pilgerreise und die Botschaft dieses Buches.

Der Autor

Thich Nhat Hanh, geboren 1926 in Vietnam, Zenmeister und Friedensaktivist. Thich Nhat Hanh wurde im Alter von 16 Jahren buddhistischer Mönch. Er ist Autor von über 30 Büchern und reist weltweit, um andere die „Kunst des achtbaren Lebens" zu lehren. Er lebt im südfranzösischen Plum Village. Bei Herder/Spektrum: Lächle deinem eigenen Herzen zu (Band 4370); Zeiten der Achtsamkeit (Band 4492); Der Schlüssel zum Zen (Band 4570); Nenne mich bei meinen wahren Namen (Band 4579). In Vorbereitung: Das Herz von Buddhas Lehre (erscheint 1999).

Der Herausgeber

Thomas Lüchinger, geb. 1953 in CH-Oberriet, Maler und Filmemacher, Dozent an der Pädagogischen Hochschule in St. Gallen. Lebt in Zürich.

Thich Nhat Hanh

Schritte der Achtsamkeit

Eine Reise zu den Quellen des Buddhismus

Das Buch zum Film „Schritte der Achtsamkeit.
Eine Reise mit Thich Nhat Hanh"
Mit 60 Standbildern aus dem Film

Herausgegeben von Thomas Lüchinger

Herder

Freiburg · Basel · Wien

Gedruckt auf umweltfreundlichem,
chlorfrei gebleichtem Papier

Originalausgabe

Alle Rechte vorbehalten – Printed in Germany
© für diese Ausgabe: Verlag Herder Freiburg im Breisgau 1998
Satz: DTP-Studio Helmut Quilitz, Denzlingen
Herstellung: Freiburger Graphische Betriebe 1998
Fotos und Innenlayout: Thomas Lüchinger
Übersetzung der englischen Texte von Thich Nhat Hanh: Irene Knauf
Umschlaggestaltung: Joseph Pölzelbauer
Umschlagmotiv: Aus dem Film „Schritte der Achtsamkeit",
© Thomas Lüchinger
ISBN: 3-451-04720-9

Inhalt

Du hast eine Abmachung mit dem Leben.
Diese findet im gegenwärtigen Augenblick statt.
Wenn du diesen Augenblick verpaßt,
verpaßt du deine Abmachung mit dem Leben.

Vorwort

Zur Entstehung des Films „Schritte der Achtsamkeit – Eine Reise mit Thich Nhat Hanh"

Wie von einem anderen Stern saß er da, in der Morgendämmerung, auf dem Gridhrakutta-Berg, im Norden Indiens. Zusammen mit einer Gruppe junger Ordensbrüdern und -schwestern lauschte er dem betörenden Gesang der Vögel, die damit die rotleuchtende Sonne am Horizont begrüßten. Wie von einem fremden Stern erschien mir der meditierende vietnamesische Mönch an diesem Morgen – wo ihm doch nichts fremd war, nicht in Indien, nicht in der westlichen Kultur.

Nein, Thich Nhat Hanh scheint eher aus einer anderen Zeit zu kommen. Er erscheint mir als einer, der sich über die Zeiten hinwegsetzt, um ganz in der Gegenwart zu verweilen. Nichts hält er in seinen Händen, keine Zeichen trägt er mit sich, außer seiner braunen Mönchsrobe und seinem Lächeln, das wie ein Zauber wirkt.

Mit diesem Lächeln markiert er den Weg durch Indien. Und dabei baut er Brücken des Verstehens und der Versöhnung und zeigt uns Schritt für Schritt den Weg zwischen den Kulturen und Kasten durch seine gelebte Praxis der Achtsamkeit. Was wären wir ohne solche Brücken? Wir trieben in die Isolation, würden den Bezug zur Welt und damit zu uns selbst verlieren.

Zehn Jahre waren es her seit Thich Nhat Hanhs letztem Besuch in Indien. Jetzt folgte er der Einladung verschiedener sozial engagierter Gruppen der intellektuellen und ökonomischen Elite Indiens, zurückzukommen zur Quelle des Buddhismus und auf diesem Weg die Kunst des Friedens, Methoden zur Praxis der Achtsamkeit zu vermitteln.

Meine erste Begegnung mit Thich Nhat Hanh vor sechs Jahren hinterließ starke Spuren. Ich war berührt von diesem Mann und seiner Ausstrahlung. Und jetzt waren wir hier, an diesem frühen Morgen, in Indien, auf dem heiligen Berg, in den Ruinen von Buddhas Einsiedelei. Ob es der bloße Zufall war, der in diesem Moment eine Sternschnuppe über der Gemeinschaft ihren leuchtenden Schweif wie eine verbindende Brücke in den indischen Morgenhimmel schreiben ließ?

Mit leiser Bestimmtheit begann Thich Nhat Hanh in Indien zu lehren. Seine Lehre ist konkret, sie beschäftigt sich mit der Meditation in ihrer gelebten Form. Sie ist sich der Zeitlosigkeit des Lebens bewußt – und weiß: Das Gestern ist nichts als Erinnerung, und das Morgen ein Traum.

Zusammen mit Ordensbrüdern und -schwestern des buddhistischen Klosters „Plum Village" begleiten wir Thich Nhat Hanh, den bekannten buddhistischen Lehrer, der in Frankreich im Exil lebt, im Frühling 1998 auf seiner Pilger- und Vortragsreise in Indien. Hier, wo Buddha gelebt und zur Erleuchtung gefunden hat, scheint heute die buddhistische Praxis beinahe versiegt. Mit seinen achtsamen Schritten bringt sie Thich Nhat Hanh wieder zurück. Er findet damit großes Gehör. Durch die lauten Großstädte Delhi, Kalkutta, Madras führte unser Weg zu den heiligen buddhistischen

Stätten: Bodh Gaya, Rajgir, Nalanda. Hunderte von Menschen fanden sich ein und hörten die Botschaft dieses Lehrers.

Er lehrt die Praxis der Achtsamkeit. Dazu benutzt er Worte der Liebe – in einer Welt auseinanderklaffender Gegensätze, wo unsägliches Elend und unendlicher Reichtum nebeneinanderstehen. Seine Sprache ist einfach, sie bezeugt nahezu unerschöpfliche Hoffnung. Die Worte für Liebe heißen: Anhalten, Zeit haben, in die Tiefe sehen, zuhören, dasein um zu verstehen, das Leiden zu verringern, atmen und lächeln.

An Weihnachten 1996 war aus Plum Village, auf meine spontane Anfrage die Antwort gekommen: Ja, wir könnten diese Reise mit der Kamera begleiten. Es war eine freundliche Einladung. Aber nicht die Person von Thich Nhat Hanh sollte im Vordergrund stehen. Ich spürte ein gewisses Bedauern. Gerne hätte ich Thich Nhat Hanh gezeigt, als Menschen und spirituellen Lehrer.

Wer ist dieser charismatische Mann, der im Exil, weit entfernt von seiner Heimat, ein neues Leben anfing und mit seinen Methoden zur Praxis der Achtsamkeit weltumspannende Brücken aufgebaut hat? Diese Frage interessierte mich.

Kurz war die Zeit zur Vorbereitung des Filmprojektes, klein das Budget. Eva Bischofberger (Produktionsleitung) und Claudia Willke (Ton) versicherten mir ihre Unterstützung. So reisten wir als Team fünf Wochen später los, mit einer Videokamera, mit Mikrofon, mit Licht und mit einer Vorstellung, die sich langsam zu entwickeln begann. Spärlich waren die Angaben, die wir hatten. Ich stellte mir vor, wie ein Fischer auf diese Reise zu gehen, mit einem ausgespannten Netz, um die Geschichte einer Pilgerfahrt zu erzählen. Das nährte meine Hoffnung, schließlich mit interessantem Material nach Hause zu kommen.

In Indien wurde mir aber bald bewußt, daß sich meine Ideen nicht aufrecht erhalten ließen. Die Wirklichkeit, wie sie sich unmittelbar zeigte und meine Idee davon waren zwei verschiedene Dinge. Schritt für Schritt löste sich mein Bild vom Fischer, der am Ufer stehend zusieht, wie der Fluß vorbeifließt, auf. Und wir selbst wurden Teil des Flusses, mitgenommen vom Rhythmus der Gruppe, „zeitlos", nicht wissend, wohin uns der nächste Schritt führen würde.

So begannen wir nun Bruchstücke zu sammeln, Archäologen gleich. Bruchstücke von Begegnungen, von Vorträgen, von Zeremonien und den achtsamen alltäglichen Momenten und Schritten, die dieser Pilgerreise ihren eigenen Rhythmus gaben. Nicht mehr auf den Ausdruck eines Individuums fixiert, entdeckten wir den Charme der Achtsamkeit im Offensichtlichen, in dem, was unmittelbar vor unseren Augen war. Diese Momente filmten wir. Die Suche nach dem Subjektiven verlagerte sich, und die Bilder wurden zum Zeugnis einer Kultur der Liebe. Und ich begann das weiterzugeben, was vermittelt sein will. Dabei griff ich hinter meine persönliche Absicht als interpretierender Dokumentarfilmer. Den Akzent richtete ich auf die Inhalte. Thich Nhat Hanh steht zwar als Lehrer und Redner im Vordergrund. Im Mittelpunkt aber steht die Gemeinschaft und die gelebte Achtsamkeit, gleichsam als Symbol für eine Gesellschaft, die den Frieden praktiziert.

Wichtig war mir später bei der Montage des Filmes die Identifikation der Zuschauer. Ich würde zufrieden sein, wenn ich mit diesem Film dazu beitragen könnte, konkrete Möglichkeiten für den versöhnlichen und friedensfördernden Umgang mit sich selbst und der Gesellschaft aufzuzeigen.

Durch die Lehrreden von Thich Nhat Hanh herrscht im Film der direkte Sprachstil vor. Zusammen mit der Cutterin Anja Bombelli wollte ich die Elemente des Sprechens und die Bilder von der Praxis, vom Weg durch Indien, in einen Zustand des Gleichgewichtes zu bringen. Durch die Montage sollten sich die instabilen, von Zufällen bestimmten Momente, die sich während des Drehens entwickelten, mit Ausschnitten aus den Reden so zu einer Beziehung verflechten, bis das Gefühl da war: So, jetzt ist alles so klar, wie es aufeinander bezogen sein kann. Entsprechend webte sich die Form des Films, Bruchstücke fügten sich zusammen und bilden ein Gefäß, das klingen soll wie die Stille. Dieser Klang soll die Zuschauer bewegen und zu ihren eigenen Erinnerungen und Fragen führen. Der Raum, das Bild der Landschaft und der Blick an die Ränder soll Platz schaffen zum Nachdenken und Spüren.

Die Schönheit, hervorgebracht durch die Achtsamkeit, sie soll für sich selbst sprechen, ohne mein Dazutun – Schönheit, verstanden als jenen Wert, der durch Handeln sichtbar wird. Durch die Praxis vermittelt sich die Glaubwürdigkeit dieses Lehrers, der in jedem Augenblick die Wurzeln der Spiritualität pflegt.

Wie kann man in einer freien demokratischen Gesellschaft ein ethisch-idealistisches Menschenbild formulieren? Können moralische Grundsätze aufgestellt werden ohne Verwicklungen ins Religiöse? Der Film „Schritte der Achtsamkeit" und dieses Buch wollen solche Fragen aufwerfen und am Brückenschlag festhalten, weil mir das dringlich erscheint. Dies ist ein Buch zu einem Film. Ja, aber es will mehr sein: ein Buch über die Praxis der Achtsamkeit als Möglichkeit einer moralischen Orientierung aus dem Sehen und Verstehen.

Auszüge aus Reden von Thich Nhat Hanh, aus Interviews, die ich selber führen konnte und Bilder aus dem Film sollen diesen ergänzen und erweitern. Immer wieder sprach Thich Nhat Hanh in Indien von der Meditation als einer Kunst, das Alltägliche zum Besonderen zu machen. Um diese Kunst zu erlernen, formuliert er nicht Regeln – er lebt sie vor. Meditation verwirklicht sich nur in der Praxis, durch achtsame Lebensweise.

Im ersten Teil des Buches vermittelt Thich Nhat Hanh konkrete Methoden zur Praxis. Die Texte bieten Auszüge aus Reden und Vorträgen von Thich Nhat Hanh und aus Gesprächen, die ich während der Indienreise 1997 mit ihm geführt habe. Die Texte ergänzen den Inhalt des Dokumentarfilmes. Im zweiten Teil hören wir einer Rede zu, die Thich Nhat Hanh in unmittelbarer Nähe des Baumes der Erleuchtung, in Bodh Gaya im März 1997, vor einer großen Zahl von Pilgerinnen und Pilgern aus Indien und aller Welt gehalten hat.

Die Bilder aus dem Film nehmen uns mit auf eine Reise und laden zum Verweilen ein, um das Gelesene sich setzen und wirken zu lassen. Die Bilder können uns vermitteln, daß die Erde unser Zuhause ist. „Wir sollten lernen, die Erde als unser Zuhause zu betrachten. Wenn wir erkennen, daß wir eins sind mit allen Teilen der Welt, wird die Erde zu unserem Heimatland. Wir müssen uns für jeden Teil der Erde verantwortlich fühlen. Nur so können wir das Leiden lindern, dem wir heute begegnen" (Thich Nhat Hanh).

Thich Nhat Hanh scheint seine Äußerungen, seien sie verbal oder nonverbal, ständig durch das eigene Tun zu verlängern. Damit lebt er uns Frieden vor. Oft war ich erschüttert über die Radikalität seiner Worte und wies sie zunächst von mir. Besonders wenn er vom Krieg sprach, der in uns wüte. Doch durch die Zeit zu hören und zu sehen konnte ich erahnen, was er damit meinte. Friede ist nicht bloß die Abwesenheit des Krieges. Friede existiert nicht schon dann, wenn kein Krieg herrscht. Vielleicht vermag uns die Begegnung mit Thich Nhat Hanh – auch durch den Film und dieses Buch – eine Ahnung geben, was Friede sein kann: ein Lächeln, geboren aus der Tiefe des Verstehens. Man mag es als naiv ansehen, aber haben wir nicht alle mit den Mitteln unserer Kultur, unserer spirituellen und demokratischen Tradition auch eine Macht, den Lauf der Dinge in dieser Welt mitzubeeinflussen, mit den Mitteln, die uns zur Verfügung stehen?

Ich danke allen, die das Entstehen des Filmes und dieses Buches unterstützt und ermöglicht haben. Jeder Beitrag war wichtig und hilfreich. Im besonderen danke ich Eva Bischofberger, Beat und Regula Curti für ihre Großzügigkeit, Françine Brücher vom Schweizerischen Filmzentrum für ihr Engagement und ihre Freundlichkeit, Laura-Sophia Arici für ihren einfühlsamen Textbeitrag, Ursina Steinemann für die hilfreiche redaktionelle Mitarbeit, Claudia Willke für die indischen Klänge und Anja Bombelli für die freundschaftliche Zusammenarbeit. Mein Dank gilt ganz besonders Sister Chân Không, Sister Jina, Thich Nhat Hanh und allen Ordensschwestern und -brüdern, die uns mit der Kamera teilnehmen ließen an den unvergeßlichen Schritten der Achtsamkeit auf ihrem Weg durch Indien.

Thomas Lüchinger   *Zürich, im August 1998*

Es gibt keine Erleuchtung
außerhalb des
alltäglichen Lebens.

Erster Teil

Inspirationen einer Pilgerreise
Texte und Bilder

Meditieren heißt, ganz präsent zu sein,
unerschütterlich, Körper und Geist vereint.

Die Kunst, im gegenwärtigen Augenblick zu verweilen

Liebe Freunde, wenn euch jemand fragen würde, ob in eurem Leben der unübertroffen schönste Augenblick schon eingetreten sei, was würdet ihr antworten? Viele von uns würden wahrscheinlich sagen, daß dieser Augenblick für sie noch nicht gekommen sei, daß sie aber hoffen, ihn bald zu erleben. Vielleicht können wir etwas tun, damit dieser wunderbarste Augenblick bald zu uns kommt. Wir sind uns sehr wohl bewußt, daß das während der nächsten zwanzig Jahre nicht der Fall sein wird, wenn wir so weiterleben, wie wir das in den vergangenen zwanzig Jahren getan haben. Wir vertrauen aber darauf, daß wir ihn in naher Zukunft erleben können.

Buddha lehrt uns nämlich, daß es der gegenwärtige Augenblick ist, der zum schönsten Augenblick unseres Lebens werden kann. Das ist keine bloße Behauptung, sondern eine Aufforderung zum Praktizieren. Denn wirkliches Leben erfahren wir nur im Hier und Jetzt. Die Vergangenheit ist schon vorüber, und die Zukunft ist noch nicht da. Nur im gegenwärtigen Augenblick können wir das Leben wirklich berühren.

Wirkliches Leben erfahren wir nur im Hier und Jetzt.
Die Vergangenheit ist schon vorüber,
und die Zukunft ist noch nicht da.
Nur im gegenwärtigen Augenblick können wir
das Leben wirklich berühren.

Achtsamkeit, eine Kunst

Im Mittelpunkt unseres Übungsweges steht das Praktizieren von Achtsamkeit. Achtsamkeit ist die Fähigkeit, in jedem Augenblick unseres täglichen Lebens wirklich präsent zu sein. Im Sanskrit heißt Achtsamkeit smrti, auf Pali sati. Achtsamkeit ist eine Art von Energie, die jedem Menschen zur Verfügung steht. Wenn wir sie pflegen, wird sie stark, wenn wir sie nicht üben, verkümmert sie. Der Samen der Achtsamkeit schlummert in unserem Bewußtsein, und wenn wir uns täglich gut um ihn kümmern, wird er wachsen und kräftig werden. Achtsamkeit läßt uns erkennen, was im gegenwärtigen Augenblick in uns und um uns herum wirklich geschieht. Jeder kann es lernen, achtsam zu sein. Zum Beispiel: Ich halte ein Glas Wasser in der Hand. Meistens bin ich mir dessen nicht gar nicht bewußt. Ich kann es mir aber auch voll bewußt klarmachen, daß ich ein Glas Wasser in der Hand halte. Dann übe ich Achtsamkeit beim Halten. Wenn ich einen Schluck Wasser in Achtsamkeit trinke, ist mein Geist auf nichts anderes als auf dieses Trinken gerichtet. Wir alle trinken mehrmals am Tag, selten aber in Achtsamkeit, weil unser Geist meist mit ganz anderen Dingen beschäftigt ist. Wir müssen es üben, alles, was wir tun oder hören oder fühlen, in dem Augenblick des Entstehens achtsam zu registrieren. Achtsames Atmen heißt, mit unserem Geist bei nichts anderem zu sein als bei unserem Ein- und Ausatmen. „Ich atme ein und weiß, daß ich einatme. Ich atme aus und weiß, daß ich ausatme." Ich bin da, hundertprozentig bei mir selbst, Körper und Geist sind eins, und die Energie der Achtsamkeit bleibt ganz beim Einatmen und beim Ausatmen. Ich kann meinem Atem zulächeln. Übe ich Gehmeditation, so werde ich mir jedes einzelnen Schrittes bewußt. Und jeder Schritt verschafft mir inneren Frieden und Freude und Kraft. Mein Geist ist ganz auf das Gehen gerichtet. Ich höre auf zu denken. Es gibt keine Gedanken mehr. Da ist nichts anderes mehr, als eins zu sein mit jedem einzelnen Schritt. Es ist genauso wie beim Ein- und Ausatmen. Ich bin eins mit meinem Atem. Wenn ich sitze und achtsames Atmen praktiziere, denke ich überhaupt nicht mehr. Denn wenn ich denke, geht mir die Bewußtheit von dem, was im gegenwärtigen Augenblick da ist, verloren. Ich denke, also bin ich nicht voll da.

Meditieren heißt, ganz präsent zu sein, unerschütterlich, Körper und Geist vereint. Deshalb definiere ich Achtsamkeit gern als die Energie der vollkommenen Präsenz. Vollkommene Präsenz ist die Grundvoraussetzung für wirkliches Leben, denn wenn du nicht hunderprozentig bei dir bist, geht das Leben an dir vorbei. Im Bhaddekaratta-Sutta lehrte der Buddha, daß Leben nur im gegenwärtigen Augenblick wirklich erfahren werden kann. Er sagte: „Laufe nicht der Vergangenheit nach. Verliere dich nicht in Sorgen um die Zukunft. Die Vergangenheit ist nicht mehr. Die Zukunft ist noch nicht gekommen." Das Bhaddekaratta-Sutta ist der älteste Text, der von der Kunst des Verweilens im gegenwärtigen Augenblick spricht. Weise Menschen ruhen fest im gegenwärtigen Augenblick und erleben ihn tief, indem sie Achtsamkeit üben. Das ist sehr wichtig. Du hast eine Verabredung, eine sehr wichtige Verabredung mit dem Leben. Und diese Verabredung findet im gegenwärtigen Augenblick statt. Denn Leben ist nur im gegenwärtigen Augenblick verfügbar. Wenn du ihn verpaßt, verpaßt du deine Verabredung mit dem Leben. Das ist einfach, das ist klar.

Laufe nicht der Vergangenheit nach.
Verliere dich nicht in Sorgen um die Zukunft.
Die Vergangenheit ist nicht mehr.
Die Zukunft ist noch nicht gekommen.

Ich atme ein und komme zur Ruhe,
ich atme aus und lächle.
Ich atme ein und weiß: Ich lebe.
Ich atme aus und lächle dem Leben zu.

Die Kunst des achtsamen Atmens

Wenn wir achtsames Atmen praktizieren, kommen Körper und Geist zusammen. In unserem täglichen Leben sind wir meist nicht sehr konzentriert und oft nicht richtig bei uns. Unser Körper mag hier sein, aber unser Geist ist anderswo – vielleicht in der Vergangenheit, vielleicht in der Zukunft, vielleicht verstrickt in Sorgen, Eifersucht, Ärger; nur selten ist er unserem Körper von Nutzen. Es gibt aber etwas, was zwischen Körper und Geist eine Brücke herstellen kann, und das ist unser Atem. Wenn es unserem Geist gelingt, sich achtsam auf das Atmen zu konzentrieren, bringen wir Körper und Geist wieder zusammen.

Atmen kann etwas sehr Erfreuliches sein, etwas, was wir genießen können. Frei zu atmen ist herrlich, besonders in reiner Luft und wenn wir nicht erkältet sind und frei atmen können. Wir dürfen nicht glauben, daß unser Geist in einer besonderen Verfassung dafür sein müßte. Wir brauchen nur ganz wir selbst zu sein. „Ich atme ein und komme zur Ruhe, ich atme aus und lächele. Ich atme ein und weiß: Ich lebe. Ich atme aus und lächele dem Leben zu." Wir alle können das praktizieren. Es ist wunderbar, lebendig zu sein. Es ist wirklich ein Wunder, am Leben zu sein.

So ist es uns möglich, alles loszulassen und zu üben, ganz im Hier und Jetzt zu sein, und wir können uns an der Tatsache erfreuen, daß wir am Leben sind.

Lächeln

Zu atmen und zu lächeln ist für mich viel angenehmer als zu sprechen. Hier meditiere ich sitzend, ganz unangestrengt. Ich mühe mich nicht ab, um zu meditieren, ich tue gar nichts dafür. Ich gestatte es mir, entspannt zu sein. Strengt euch bitte nicht an. Seit ich in der Lage bin zu lächeln, verspüre ich Frieden in mir. Alle dreihundert Muskeln in meinem Gesicht sind gelöst. Ihr braucht nur zu lächeln, um sie zu enspannen. Ein ganz kleines, leichtes Lächeln bringt es fertig, alle diese Muskeln zu entspannen. Und weil ihr euch nicht abmüht, weil ihr euch nicht anstrengt, werden eure Schultern sich nicht verspannen und nicht schmerzen. Selbst in dieser aufrechten Haltung könnt ihr total gelöst und unverkrampft eine Weile lächelnd sitzen.

Gehmeditation

Es ist wirklich ein Wunder, am Leben zu sein und auf diesem wunderschönen Planeten gehen zu können. Sei dir, wenn du gehst, jedes einzelnen Schrittes bewußt. Dann übst du Gehmeditation, achtsames Gehen. Das praktizieren wir jeden Tag. Gehmeditation hilft uns, jeden Augenblick des Tages tief zu erleben.

Wenn jeder Mensch auf der Erde in der Lage wäre, achtsam zu gehen, gäbe es keine Kriege, keine Konflikte mehr. Durch die Gehmeditation lernen wir es, uns gut um die Mutter Erde und um uns selbst zu kümmern.

*Gehmeditation hilft uns,
jeden Augenblick des Tages
tief zu erleben.*

Stellen Sie sich vor,
das ist der Anfang meines Einatmens
und das ist das Ende.
Und stellen Sie sich vor, dieser Finger
ist meine Aufmerksamkeit.
Ich fange an zu atmen: ein – aus.
Meine Aufmerksamkeit
bleibt die ganze Zeit beim Einatmen.
Das ist Konzentration.
Und wenn Ihre Aufmerksamkeit
auf halbem Weg entgleitet
wie ein Flugzeug, dann verlieren
Sie Ihre Konzentration.
Bleiben Sie also die ganze Zeit
bei Ihrem Einatmen
und halten Sie das Einatmen am Leben.
Und genießen Sie es.

Sitzen, nur sitzen

Wenn du in der Meditation in der zeitlosen Dimension sitzt, so erfährst du plötzliche Erleuchtung. Du brauchst dafür nicht zehn, zwanzig oder hundert Jahre lang Sitzmeditation zu praktizieren. Setz dich bloß hin und werde zum Buddha.

Den inneren Frieden schaffen

Jeder hat das Recht, glücklich zu sein. Es gibt Bedingungen für unser Glück, und wir bemühen uns in unserem täglichen Leben, diese Bedingungen zu verwirklichen. Welches sind die wahren Bedingungen für unser eigenes Glück?

Hier sitzen wir und praktizieren tiefes Schauen. Ich verwende den Ausdruck „Tiefes Schauen" für Meditation. Meditieren bedeutet, ganz und gar im gegenwärtigen Augenblick zu ruhen, wobei Körper und Geist eins sind und Zeit haben, die eigene Situation zu betrachten. Auch wenn wir im Bus oder Zug sitzen oder im Garten arbeiten, können wir so in uns ruhen und tief schauen. Vielleicht erkennen wir während des Meditierens, daß innerer Friede der wichtigste Faktor für unser Glück ist, und es wird uns bewußt, daß in uns nur wenig Frieden ist. Vielleicht erkennen wir, daß auch Mitgefühl ein Faktor für Glück ist, und wir stellen fest, daß es uns an Mitgefühl mangelt. Denn wir werden sehr oft ärgerlich und fahren andere Leute barsch an; wir verlieren leicht die Geduld und sind Opfer von Eifersucht und Haß. Anscheinend also reicht unser Mitgefühl nicht aus, um glücklich zu sein. Ohne inneren Frieden, ohne Mitgefühl, ohne innere Stabilität können wir – und darin stimmen viele Lehrer überein – nicht glücklich sein. Und dennoch fühlen wir uns getrieben und sind fortwährend auf der Suche nach einem Glück, die außerhalb unserer selbst liegen.

Ich atme ein, ich atme aus.
Und ich blühe wie die Blume.
Ich bin frisch wie der Tau.
Ruhig und stark wie die Berge,
Wie die Erde so fest. Ich bin frei.

Wir müssen die Situation durch tiefes Schauen
ergründen und unsere Harmonie
und unseren inneren Frieden wiederherstellen.
Das zu lernen ist eine Kunst,
um die es in der Meditation geht.

Die Kunst, mit sich selbst Frieden zu schließen

Wir wissen nicht, was wir zu tun haben, um die Energien von Frieden und Mitgefühl in uns zur Entfaltung zu bringen. Wir wissen nicht, wie wir innere Stabilität erlangen können.

Unser Körper ist Teil unserer Persönlichkeit. Außer ihm gibt es noch vier weitere Gruppen von sogenannten Daseinsfaktoren, die das konstituieren, was im allgemeinen als Persönlichkeit angesehen wird: Gefühle, Wahrnehmungen, Geistesformationen (d.h. unsere geistig-physischen Formkräfte) und Bewußtsein. Das „Territorium" unserer Persönlichkeit ist riesig, aber wir sind im allgemeinen nicht in der Lage, es zu beherrschen. Wir sind außerstande, Frieden und Harmonie in ihm zu etablieren. Aus dem Grund fühlen wir uns in unserem „Reich" oft nicht heimisch und fürchten uns, Zuflucht zu nehmen zu uns selbst. Wir versuchen, vor uns selbst fortzulaufen, denn in uns herrscht Krieg und nicht Frieden.

Wenn wir einmal zehn oder fünfzehn Minuten nichts zu tun haben, langweilen wir uns und wissen mit der freien Zeit nichts anzufangen. Wir scheuen uns davor, in unser Territorium zurückzukehren, denn wir haben das Gefühl, daß uns dort nichts Gutes erwartet. Da gibt es so viel Schmerz und Leid und Disharmonie, so viele Konflikte, die wir nicht wahrhaben wollen. Deshalb flüchten wir, flüchten in eine beliebige Lektüre – ein Buch oder eine Zeitschrift. Oder wir greifen zum Telefon oder laufen ins Kino. Es gibt viele Möglichkeiten, vor sich selbst davonzulaufen. Und deshalb fürchten wir uns, nach Hause zu gehen – zurück zu unserem wahren Selbst.

Meditieren bedeutet, am Ufer
seiner Gefühle zu sitzen,
zu beobachten, wie sie aufkommen
und vorbeiziehen,
und tief in ihre Natur zu schauen.

Wenn wir im Krieg liegen mit anderen Menschen, unseren Eltern, unseren Freunden, unserer Gesellschaft oder religiösen Gemeinschaft, tobt wahrscheinlich längst in uns selbst ein Krieg. Kommen wir mit uns selbst nicht zurecht, so versuchen wir leicht, unsere Unzufriedenheit auf andere zu übertragen, d. h. wir entfesseln einen Krieg. Darum müssen wir es lernen, zu unserem wahren Selbst zurückzufinden, und dazu verhilft uns die Meditation. Meditieren bedeutet nicht, vor der Wirklichkeit zu flüchten.

Die Kunst, zu unserem wahren Selbst zu finden

Wenn wir mit anderen Menschen im Kampf liegen oder uns mit unseren Eltern oder Freunden, vielleicht sogar mit der ganzen Gesellschaft nicht verstehen, kann die Ursache dafür sein, daß wir mit uns selbst im Kampf liegen, weil wir uns, so wie wir sind, nicht wirklich angenommen haben. Ist das der Fall, so ist es kein weiter Schritt, bis wir mit anderen einen Krieg beginnen. Dann müssen wir uns bemühen, ins Hier und Jetzt und zu unserem wahren Selbst zurückzufinden. Wir müssen die Situation durch tiefes Schauen ergründen und unsere Harmonie und unseren inneren Frieden wiederherstellen. Das zu lernen ist eine Kunst, um die es in der Meditation geht.

In der buddhistischen Tradition ist es wichtig,
sich des Körpers bewußt zu sein,
des Körpers als eines Zuhauses. Wir müssen mit
jedem Teil unseres Körpers Frieden schließen.

Achtsam für unseren Körper sorgen

Es ist wichtig, daß wir uns gut um unseren Körper kümmern. Meistens allerdings tun wir das nicht. Wir essen, trinken und gehen auf eine Weise, die ihm nicht guttut. Wir nehmen eine Menge Gifte zu uns und schädigen ihn damit. Wir lieben unseren Körper nicht wirklich. Wir verstehen es nicht wirklich, achtsam zu essen, achtsam zu trinken, unseren Körper achtsam zu umsorgen. Wenn wir es aber lernen, ihn liebevoll zu behandeln und gut für ihn zu sorgen, heißt das, daß wir Meditation üben.

In der buddhistischen Tradition ist es wichtig, sich des Körpers bewußt zu sein, des Körpers als eines Zuhauses. Wir müssen mit jedem Teil unseres Körpers Frieden schließen.

Der Fluß der Gefühle

Und dann ist da noch der Fluß unserer Gefühle: angenehmer Gefühle, unangenehmer Gefühle, neutraler Gefühle und gemischter Gefühle. Ich vergleiche sie mit einem Fluß, weil sie einen Ursprung, eine Quelle, haben, vorbeiziehen und wieder verschwinden – unaufhörlich, Tag und Nacht. Viele Gefühle verursachen in uns Schmerzen und beeinträchtigen auch unsere Mitmenschen. Meditieren bedeutet, am Ufer seiner Gefühle zu sitzen, zu beobachten, wie sie aufkommen und vorbeiziehen, und tief in ihre Natur zu schauen. Gewöhnlich ist es so, daß wir bei unangenehmen und problematischen Gefühlen den Wunsch verspüren, fortzulaufen. Wir wagen nicht, ihnen ins Auge zu schauen, und wissen nicht, wie wir uns um sie zu kümmern haben. Aber wir sollten uns ihnen stellen, sie berühren und tief in sie schauen. Besonders in unserer Zeit gibt es Menschen, die, wenn sie Probleme haben und keinen inneren Frieden finden, zum Kühlschrank laufen und anfangen zu essen. Nicht weil sie hungrig sind, sondern weil sie das in ihnen aufsteigende Gefühl vergessen wollen, das ihnen Unbehagen und Leid, vielleicht sogar eine Depression bringt. Sie fürchten sich, sich ihren Gefühlen und ihrem Schmerz zu stellen und flüchten sich ins Essen.

Wir müssen die Situation durch tiefes
Schauen ergründen und unsere Harmonie und unseren
inneren Frieden wiederherstellen.
Das zu lernen ist eine Kunst, um die es
in der Meditation geht.

Der Fluß der Wahrnehmungen

Weiterhin gibt es noch den Fluß der Wahrnehmungen in uns. Wir alle werden immer wieder Opfer unserer falschen Wahrnehmungen. Es kann passieren, daß wir ein Stück Seil für eine Schlange halten. Aus einer solchen falschen Wahrnehmung kann dann ein Gefühl von Angst, Wut oder dergleichen erwachsen.

Auch in unserem Zusammenleben mit anderen Menschen werden wir leicht zu Opfern unserer falschen Wahrnehmungen. Wir mögen den Eindruck haben, jemand wolle uns schaden, Leid zufügen und bestrafen, was aber nicht der Wahrheit entspricht. In uns aber erwachsen Zorn und Haß und der Wille, dem anderen gleichfalls zu schaden und ihn zu bestrafen. Wir machen uns und unserem vermeintlichen Gegner das Leben zur Hölle.

Wir glauben normalerweise, daß unsere Wahrnehmungen richtig sind und verlassen uns auf sie. Der Buddha aber hat erkannt, daß das ein Irrtum ist und die meisten unserer Wahrnehmungen falsch sind. Wir müssen es uns angewöhnen, uns stets zu fragen, ob wir unseren Wahrnehmungen wirklich trauen können.

Wir ziehen aus unseren falschen Wahrnehmungen falsche Schlüsse. In der Meditation üben wir tiefes Schauen, um zu verhindern, daß wir Opfer unserer falschen Wahrnehmungen werden.

Unser Bewußtsein ist wie der Erdboden,
in dem die Samen ruhen.
Der Regen macht sie feucht und bewirkt,
daß sie anfangen, zu keimen.

*Wir glauben normalerweise, daß unsere
Wahrnehmungen richtig sind und verlassen uns auf sie.
Der Buddha aber hat erkannt,
daß das ein Irrtum ist und die meisten unserer
Wahrnehmungen falsch sind.
Wir müssen es uns angewöhnen, uns stets
zu fragen, ob wir unseren
Wahrnehmungen wirklich trauen können.*

Die Geistesformationen

Buddha unterschied mehr als fünfzig sogenannte Geistesformationen. Angst, Eifersucht, Haß, Liebe, Begehren gehören dazu. Sie alle, heilsame wie unheilsame, schlummern in Form von Samen in unserem Speicherbewußtsein. Unser Bewußtsein ist wie der Erdboden, in dem die Samen ruhen. Der Regen macht sie feucht und bewirkt, daß sie anfangen zu keimen. Der Samen der Wut in uns kann sehr stark sein. Jemand braucht nur etwas zu sagen, etwas ganz Harmloses, aber seine Worte berühren den Samen der Wut in uns, und wir werden zu einem zornerfüllten Menschen. Und wenn wir zornig sind, leiden wir. Wir wissen nicht, wie wir mit dem Samen der Wut in uns umgehen müssen. Meditieren bedeutet, jede geistige Formation in uns zu erkennen, auch wenn sie nur als Keim vorhanden ist. Durch unser Meditieren lernen wir, unheilsame psychische Formkräfte wie Eifersucht oder Angst zu transformieren und heilsame wie Mitgefühl oder Toleranz zu pflegen. Wir müssen aber angeleitet werden, um zu lernen, wie das zu bewerkstelligen ist.

Die Kunst, Glück zu erfahren

Unsere Augen

Die meisten von uns laufen und laufen und sind nicht in der Lage, sich fest im gegenwärtigen Augenblick zu verankern. Meditieren bedeutet, heimzukehren ins Hier und Jetzt und so dem Leben zu begegnen. Es bedarf aber einiger Übung, bis es uns zur Gewohnheit wird, jeden Moment unseres Lebens tief zu leben und zu erfahren.

Wir befinden uns fortwährend auf der Jagd nach Glück. Wir laufen und laufen und übersehen die Bedingungen für unser Glücklichsein im Hier und Jetzt. Wir meinen, erst in der Zukunft würden wir glücklich sein können. So zu denken ist töricht. Wenn es uns gelingt, voll Achtsamkeit heimzukehren ins Hier und Jetzt, werden wir erkennen, wieviele Elemente zum Glücklichsein bereits jetzt vorhanden sind. Wir können in diesem Augenblick glücklich sein. Mehr ist nicht nötig.

Ich möchte euch zeigen, wie ihr es üben könnt, Glück zu erfahren. „Ich atme ein und bin mir meiner Augen bewußt. Ich atme aus und lächele meinen Augen zu." Wenn du dir das beim Atmen sagst, erkennst du, welches Glück es ist, gesunde Augen zu haben. Wer sein Augenlicht verloren hat und blind ist, weiß, was es bedeutet, nicht mehr sehen zu können. Er leidet und wünscht sich nichts mehr, als daß sein Sehvermögen wieder hergestellt sein möge. Könnte er wieder sehen, so würde sich dieser Blinde wie im Paradies fühlen, im Paradies von Formen und Farben. Der Frühling steht vor der Tür. Der Himmel ist blau, die Kirschblüten sind wunderschön, genau wie das Gesicht des Menschen, den du

„Ich atme ein und bin mir meiner Augen bewußt.
Ich atme aus und lächele meinen Augen zu."
Wenn du dir das beim Atmen sagst, erkennst du,
welches Glück es ist, gesunde Augen zu haben.

Ich atme ein
und bin mir meines Herzens bewußt.
Ich atme aus
und lächle meinem Herzen zu.

liebst. Alle diese Formen und Farben sind nur deshalb für uns verfügbar, weil unsere Augen in guter Verfassung sind.

Wenn wir uns dennoch nicht glücklich fühlen, so liegt das daran, daß wir vergessen, daß bereits gesunde Augen ein Grund zum Glücklichsein sind. Wir brauchen uns nur ins Gras zu setzen, unsere Augen zu öffnen und mit Achtsamkeit zu schauen. Dann erkennen wir das Paradies der Formen und Farben. Wir können allen Dingen zulächeln. Das ist eine der Grundvoraussetzungen für unser Glück. „Ich atme ein und bin mir meiner Augen bewußt. Ich weiß, daß meine Augen in guter Verfassung sind. Ich atme aus und lächele meinen Augen glücklich zu."

Meditation ist nichts Schwieriges, sondern etwas Angenehmes. Sie schenkt uns Einsicht, Bewußtheit. Sie hilft uns die Faktoren des Glücklichseins zu erkennen, die uns im Hier und Jetzt zur Verfügung stehen.

Unser Herz

Ein weiteres Beispiel: „Ich atme ein und bin mir meines Herzens bewußt. Ich atme aus und lächele meinem Herzen zu." Wenn du in dieser Weise nur zehn Sekunden lang praktizierst, wird dir klar, wie glücklich du dich schätzen kannst, daß dein Herz normal funktioniert. Du kannst dich freuen, denn viele Menschen haben kranke Herzen und leiden. Sie fürchten sich vor einem Herzinfarkt oder einem Schlaganfall. Ihr sehnlichster Wunsch ist es, ein gesundes Herz zu haben, so wie wir. Wenn wir unser Herz berühren – nicht mit den Fingern, sondern mit unserer Achtsamkeit („Ich atme ein und bin mir meines Herzens bewußt"), wird uns klar, welch ein Schatz es ist, ein gesundes Herz zu haben. Wir erkennen, wie hart unser Herz jeden Tag arbeiten muß, damit es uns gutgeht. Würde es für nur wenige Augenblicke aufhören zu schlagen, so würden wir sogleich sterben. Wir selbst haben Zeit, uns auszuruhen und zu schlafen, unser Herz aber arbeitet pausenlos. Darum habe ich, wenn ich ausatme, Mitgefühl mit meinem Herzen und bin ihm dankbar. Aus diesem Mitgefühl erwächst die Einsicht, daß mein Herz Tag und Nacht hart arbeiten muß, um mein Wohlsein zu bewahren. Ich fange an, mein Herz zu verstehen, Mitgefühl und Dankbarkeit kommen auf, und ich lächele ihm voll Freundlichkeit zu. Ich komme zur Erkenntnis, daß ich vernünftig essen und trinken muß, soll es keinen Schaden nehmen. Wenn du dir eine Zigarette anzündest und rauchst, vollziehst du deinem Herzen gegenüber einen unfreundlichen Akt. Alkohol trinken ist ebenso unfreundlich. Das weißt du. Es gibt so viele Voraussetzungen für unser Glücklichsein, aber wir zerstören sie durch unser Verhalten in unserem täglichen Leben. Lächelst du deinem Herzen aber zu und umarmst und berührst es voll Achtsamkeit und Mitgefühl, so fühlt es sich wohl, und du erkennst, wie viel es für dein Wohlergehen tut.

Meditieren bedeutet also in erster Linie, die Energie
der Achtsamkeit zu erzeugen,
damit sie sich unseres Körpers, unserer Gefühle
und unserer Wahrnehmungen annimmt.

Wenn irgendein Körperteil von dir um Hilfe schreit, kannst du die Achtsamkeit des Lächelns praktizieren. Selbstverständlich verfügt unser Körper über natürliche Selbstheilungskräfte. Der Heilungsprozeß geht aber viel schneller vonstatten, wenn du achtsam ein- und ausatmest und deine Liebe, dein Mitgefühl und dein Lächeln zu diesem schreienden Körperteil hinschickst. Meditieren bedeutet also in erster Linie, die Energie der Achtsamkeit zu erzeugen, damit sie sich unseres Körpers, unserer Gefühle und unserer Wahrnehmungen annimmt. „Ich atme ein und bin mir meiner Leber bewußt. Ich atme aus und lächele meiner Leber voll Mitgefühl zu." Meine Leber hat es vielleicht nicht leicht, weil ich dazu neige, zu fett zu essen oder zu viel Alkohol zu trinken. Sie versucht vielleicht, mir eine Botschaft zuzusenden: SOS, SOS, Tag und Nacht. Damit ich aufhöre, das zu essen und zu trinken, was es meiner Leber so schwer macht. Ich nehme jedoch keine Notiz davon, ich überhöre die Botschaft. Wenn ich aber achtsam ein- und ausatme und meine Leber erstmals mit Mitgefühl berühre, dringt ihr Hilferuf an mein Ohr, und ich erkenne, was ich tun und was ich lassen muß, um freundlich zu ihr zu sein. Das ist Meditation. Ganz konkret. Wenn du dich nicht selbst lieben kannst, wenn du nicht imstande bist, gut für dich zu sorgen, wie kannst du dann einen anderen Menschen lieben und gut für ihn sorgen?

Wenn du dich nicht selbst lieben kannst,
wenn du nicht imstande bist, gut für dich zu sorgen,
wie kannst du dann einen anderen
Menschen lieben und gut für ihn sorgen?

Mantras – die Magie der Liebe

Ich möchte euch ein paar Mantras anbieten, die ihr verwenden könnt, um Achtsamkeit zu üben.

Wenn du liebst, wenn du beanspruchst, ein liebender und liebevoller Mensch zu sein, solltest du Achtsamkeit üben. Denn Achtsamkeit läßt dich ganz präsent sein und bringt Körper und Geist zusammen. Wie kannst du lieben, wenn du nicht da bist? Liebst du wirklich, wenn du für den oder die anderen gar nicht präsent bist? Natürlich nicht! Meditieren heißt, vollkommen präsent zu sein, und Achtsamkeit ist genau die Energie, die dir dazu verhilft. Du brauchst nur achtsam ein- und auszuatmen, du brauchst nur ein paar Schritte in Achtsamkeit zu gehen, und plötzlich bist du ganz da. Und diese totale Präsenz schenkst du dem Menschen, den du liebst.

Du brauchst nur achtsam ein- und auszuatmen,
du brauchst nur ein paar Schritte in
Achtsamkeit zu gehen, und plötzlich bist du ganz da.
Und diese totale Präsenz
schenkst du dem Menschen, den du liebst.

Wenn du präsent bist, ist es auch das andere.
Das ist Leben.
Denn Leben ist für dich nur verfügbar,
wenn du für das Leben verfügbar bist.
Beides gehört zusammen.

Da gab es einen kleinen Jungen (zehn Jahre alt), der von seinem Vater gefragt wurde, was er sich denn zu seinem Geburtstag wünsche. Der kleine Kerl war verlegen. Er hatte keine Wünsche außer einem einzigen. Er wünschte sich, daß sein Vater mehr für ihn da sein möge. Er wünschte sich die Präsenz seines Vaters. Denn sein Vater, ein außerordentlich reicher Geschäftsmann, hatte keine Zeit für seinen Sohn. Er konnte es sich leisten, seinem Sohn alles zu kaufen, was mit Geld zu erwerben war. Aber er konnte es sich nicht leisten, für seinen Sohn verfügbar zu sein. Er war zu beschäftigt. Wenn du reich bist, möchtest du nichts von deinem Reichtum einbüßen. Deshalb setzt du all deine Zeit und Energie dafür ein, reich zu bleiben. Das ist der Nachteil der Reichen. Du hast keine Zeit für die Menschen, die du liebst, für deine Frau, für deine Kinder. Der kleine Kerl war unglücklich, weil die Liebe seines Vaters für ihn nicht greifbar war, weil sein Vater immer nur abwesend war. Gewiß, er hatte eine Menge Geld. Er konnte sich vieles kaufen. Aber all das konnte die kostbare Gegenwart seines Vaters nicht ersetzen.

Liebling,
ich weiß,
daß du da bist.
Ich bin so dankbar
und glücklich.

1. Mantra:

Liebstes, ich bin wirklich da für dich

Wenn du ein reicher Geschäftsmann bist, bitte denke darüber nach. Stell dir die Frage, ob du genügend Zeit für dein Kind hast, ob du ein wirklich liebender Vater bist. Als Ehemann solltest du dir die Frage stellen, ob du dich für deine Frau genügend verfügbar machst, ob dir klar ist, daß das kostbarste Geschenk, das du deinen Lieben machen kannst, deine Gegenwart ist. Wenn der Vater den Übungsweg kennt, wird er ein paarmal achtsam ein- und ausatmen, seine geschäftlichen Dinge für den Augenblick vergessen, sich zu seinem Sohn setzen und voll und ganz für ihn da sein. Er wird dem Kleinen in die Augen schauen, ihn anlächeln und sagen: „Hier bin ich, mein Lieber, ganz für dich da, wirklich ganz da für dich." Das ist das Mantra. Du brauchst es nicht auf Sanskrit zu sagen. Du kannst in der Sprache sagen, die du sprichst: „Mein Lieber, ich bin ganz für dich da." Das ist das größte Geschenk, das ein wirklich Liebender seinen Geliebten machen kann. Und du weißt, daß du das schaffen kannst. Du kannst dieses Mantra praktizieren. Sein Kernstück ist Achtsamkeit: die Kunst, präsent zu sein, Körper und Geist nicht mehr getrennt. Vielleicht versuchst du schon heute abend, dieses Mantra anzuwenden, das Wunder des wirklichen Da-Seins. Das ist Meditation.

Wenn du präsent bist, ist es auch das andere. Das ist Leben. Denn Leben ist für dich nur verfügbar, wenn du für das Leben verfügbar bist. Beides gehört zusammen.

Lieben heißt, den Menschen,
den du liebst,
mit der Energie der Achtsamkeit
zu umarmen.

2. Mantra:

Ich weiß, daß du da bist – das macht mich sehr glücklich

Das zweite Mantra bewirkt, daß Glück zunimmt. Praktiziere achtsames Atmen, achtsames Lächeln, werde frisch wie eine Blume, geh zu dem geliebten Menschen, setze dich dicht neben ihn, sei ganz für ihn da und sprich die magischen Worte: „Liebling, ich weiß, daß du da bist. Ich bin so dankbar und glücklich." Das hat nichts mit Diplomatie zu tun; das sind Worte, die aus tiefstem Herzen kommen. Wichtig ist nur, daß du dich, bevor du diese magischen Worte aussprichst, in Achtsamkeit sammelst, so daß du wirklich konzentriert bist. Dann werden die Worte eine große Kraft haben, und es wird eine Transformation stattfinden. Der andere wird die Energie der Liebe spüren, wissen, daß du für ihn da bist, und glücklich sein.

In Plum Village, wo ich mit meinen Brüdern und Schwestern lebe und praktiziere, wohne ich in einer kleinen Hütte. Sooft ich meine Hütte verlasse, um zur Meditationshalle zu gehen, wähle ich einen Weg, der mich an eine Stelle führt, von wo aus ich die Sterne und den Mond gut betrachten kann. Manchmal erblicke ich einen wunderschönen Vollmond. Ich nehme mir immer die Zeit, um stehenzubleiben, tief ein- und auszuatmen und das zweite Mantra zu sprechen: „Lieber Mond, ich weiß, daß du da bist, und ich bin sehr glücklich." Der Mond ist mein Geliebter. Ich habe so viele Geliebte! Mit der Energie meiner Achtsamkeit erkenne ich, daß sie überall zu finden sind – sei es in Frankreich, in Vietnam, Holland oder in Indien. Ich erkenne, daß die Elemente für mein Glück überall vorhanden sind, denn in mir ist die Fähigkeit zur Achtsamkeit.

Geliebt zu werden bedeutet, anerkannt zu werden

Wenn du so lebst, daß der andere den Eindruck hat, von dir vernachlässigt zu werden und zu wenig Aufmerksamkeit zu bekommen, liebst du nicht wirklich. Lieben nämlich heißt, den Menschen, den du liebst, mit der Energie der Achtsamkeit zu umarmen. Wenn dieser Mensch sich aber von dir im Stich gelassen und vernachlässigt fühlt, kannst du von dir nicht behaupten, ein wirklich Liebender zu sein. Ihr lebt zwar unter einem Dach, vielleicht sogar vierundzwanzig Stunden lang, und dennoch seid ihr nicht wirklich zusammen. Wenn die Energie deiner Liebe den anderen nicht berührt, ist es nicht wirkliche Liebe. Geh zu dem geliebten Menschen hin und wende dich ihm zu. Frage, ob er sich wohlfühlt oder ob er leidet. Lieben bedeutet, den anderen als etwas sehr Kostbares, etwas sehr Wichtiges wahrzunehmen. Das zweite Mantra lautet: „Liebling, ich weiß, daß du da bist. Ich bin sehr glücklich." Es ist ganz egal, in welcher Sprache du das sagst. Du mußt dich aber darauf vorbereiten, wenn du dieses Mantra praktizieren willst. Eine Vorbereitung ist unbedingt notwendig. Denn ein Mantra ist eine magische Formel, die nur im Zustand absoluter Konzentration gesprochen werden sollte. Körper, Sprache und Geist müssen vollkommen eins sein. Übe also Gehmeditation, um Körper und Geist wieder zusammenzubringen. Übe achtsames Atmen und Lächeln, um zu dir selbst zurückzufinden, und geh dann zu dem geliebten Menschen. Setz dich neben ihn, sammele dich, lächele und sprich. „Liebling, ich weiß, daß du da bist. Ich bin sehr glücklich." Wenn du das tust, umarmst du deine Geliebte mit der Energie deiner Achtsamkeit, und deine Zuwendung wird ihr Kraft geben, denn die Energie der Achtsamkeit ist auch die Energie der Liebe, und deine Frau oder Freundin wird aufblühen wie eine Blume. Du wirst

Geh also heute abend nach Hause zu deinem Sohn
oder deiner Tochter, umarme sie,
atme tief ein und aus und du wirst sehen:
Die Energie der Liebe und
der Achtsamkeit durchdringt Körper und Geist
deiner Kinder, und sie werden wissen,
daß du wirklich für sie da bist.
Ich nenne das die Meditation des Umarmens.

Dein Sohn bist du selbst. Ihr seid eins.
Dein Sohn ist die Fortsetzung deiner selbst.
Wenn du eine Zukunft haben möchtest,
versöhne dich mit deinem Sohn. Tust du das nicht,
wirst du alles verlieren. Wenn du es nicht
fertigbringst, die Beziehung zu deinem Sohn wieder-
herzustellen, wird es auch für deine
Mitmenschen, dein Volk keine Zukunft geben.

sehen! Die Wirkung deiner Worte wird unmittelbar zu spüren sein. Geh also heute abend nach Hause zu deinem Sohn oder deiner Tochter, umarme sie, atme tief ein und aus und du wirst sehen: Die Energie der Liebe und der Achtsamkeit durchdringt Körper und Geist deiner Kinder, und sie werden wissen, daß du wirklich für sie da bist. Ich nenne das die Meditation des Umarmens.

Die Kunst der Umarmung

Du umarmst und bist dir deines Umarmens voll bewußt. Körper und Geist sind eins. Ich kenne Menschen, die lange Zeit Schwierigkeiten miteinander hatten. Sie praktizierten diese Art von Meditation und erfuhren Heilung und Transformation und versöhnten sich wieder.

In unserem Zusammenleben gehen wir oft nicht sehr achtsam miteinander um. Wir verhalten uns ungeschickt, machen Fehler und fügen dem anderen Schmerzen zu. Es wird immer schwieriger, miteinander zu kommunizieren, und wir werden wütend aufeinander. Vater und Sohn, Mutter und Tochter, Mann und Frau – alle leiden. Wir wissen nicht, wie wir die Knoten des Leidens in uns und in unserem Partner lösen können. Was sollen wir tun? Atme nur achtsam tief ein und aus, sei dir der Tatsache bewußt, daß ihr beide leidet, und laß dich durch den Wunsch nach Versöhnung motivieren. Wenn du dann ganz achtsam und gesammelt bist, nimm den anderen fest in deine Arme. Du brauchst nichts anderes zu tun, du brauchst nichts zu sagen. Halte ihn nur lange in deinen Armen und atme achtsam ein und aus. Die Energie der Achtsamkeit und des Verstehens, die Botschaft des Versöhnens wird sich auf ihn übertragen, auch wenn du kein Wort sprichst.

Ich habe einmal in Montreal, Kanada, vor vielen Zuhörern über die Meditation des Umarmens gesprochen. Ein Mann weinte während meiner Rede. Später erfuhr ich, daß er große Probleme mit seinem Sohn hatte. Sie hatten zwei Jahre lang nicht mehr miteinander gesprochen. Ich sagte: „Dein Sohn bist du selbst. Ihr seid eins. Dein Sohn ist die Fortsetzung deiner selbst. Wenn du eine Zukunft haben möchtest, versöhne dich mit deinem Sohn. Tust du das nicht, wirst du alles verlieren. Wenn du es nicht fertigbringst, die Beziehung zu deinem Sohn wiederherzustellen, wird es auch für deine Mitmenschen, dein Volk keine Zukunft geben." Der Mann fuhr weinend heim, fest entschlossen, sich mit seinem Sohn zu versöhnen. Zu Hause angekommen, fand er ihn im Wohnzimmer sitzend vor, traurig und allein. Er setzte seine Reisetasche ab, ging auf ihn zu und nahm ihn in die Arme, ganz lange, und ohne ein Wort zu sagen. Anfangs sperrte sich der Sohn gegen die Umarmung und reagierte nicht. Aber der Vater behielt ihn in den Armen und atmete achtsam ein und aus – ihm war bewußt, wie notwendig es war, sich mit seinem Sohn zu versöhnen. Und es geschah ein Wunder! Die Mutter konnte es kaum glauben, als sie am nächsten Morgen am Frühstückstisch sah, wie die beiden nach zwei Jahren zum erstenmal wieder miteinander sprachen.

Mein Liebes, ich weiß,
ich habe in der Vergangenheit viele Fehler gemacht.
Ich habe dich leiden lassen.
Ich möchte wieder von vorn beginnen.
Bitte gib mir eine neue Chance. Vergib mir!
Laß uns einen neuen Anfang machen,
als Vater und Sohn, als Mann und Frau, als
Mutter und Tochter.

Wenn die Kraft der Achtsamkeit und
des mitfühlenden Zuhörens in dir ist, kann deine
Gegenwart eine heilende und
beruhigende Wirkung auf andere ausüben.
Du brauchst nur dazusitzen
und dem Menschen, der sich dir anvertraut,
zuzuhören.

Die Kunst der Versöhnung

Du hast gelernt zu meditieren, indem du einen Menschen in die Arme nimmst und achtsam ein- und ausatmest. Dir wird bewußt, wie wunderbar es ist, daß dieser Mensch am Leben ist. „Ich atme ein und weiß: Sie ist in meinen Armen und lebt. Ich atme aus und verspüre Glück, daß sie lebt." Ist die Energie der Achtsamkeit in dir sehr stark, so kann diese Meditation sehr kraftvoll sein. Du brauchst gar nichts zu sagen, nur tief zu atmen, auch wenn eure Beziehung nicht unproblematisch ist. Die Energie der Achtsamkeit wird sich durch deine Umarmung auf den anderen übertragen. Du sagst kein Wort, aber dennoch wird die Botschaft überspringen: „Mein Liebes, ich weiß, ich habe in der Vergangenheit Fehler gemacht. Viele Fehler. Ich habe dich leiden lassen. Ich möchte wieder von vorn beginnen. Bitte gib mir eine neue Chance. Vergib mir! Laß uns einen neuen Anfang machen, als Vater und Sohn, als Mann und Frau, als Mutter und Tochter."

Zu lieben bedeutet also,
tief in den anderen Menschen hineinzuschauen.
Dann wirst du seine Schwierigkeiten,
sein Leiden, seinen Schmerz und seine tiefsten
Sehnsüchte erkennen.
Um das zu erreichen, mußt du wirklich
ganz präsent sein.

Die Kunst mitfühlenden Zuhörens

Wenn die Kraft der Achtsamkeit und des mitfühlenden Zuhörens in dir ist, kann deine Gegenwart eine heilende und beruhigende Wirkung auf andere ausüben. Du brauchst nur dazusitzen und dem Menschen, der sich dir anvertraut, zuzuhören. Auch wenn er Unrichtiges behauptet, hörst du nicht auf, voll Mitgefühl zuzuhören. Vieles von dem, was da gesagt wird, mag von falschen Wahrnehmungen herrühren. Wenn du mitfühlend zuhörst, kritisierst oder verurteilst du nicht, sondern übst liebevolle Zuwendung, denn du willst ja Leiden lindern. Das ist der Weg des Bodhisattvas Avalokiteshvara. Du mußt nur ganz da sein, wirklich präsent sein und nichts anderes tun, als mit offenem Herzen zuzuhören. Zuhören mit dem einzigen Ziel, das Leiden in deinem Gegenüber zu verringern. Das ist mitfühlendes Zuhören. In dir ist nichts als Mitgefühl. Du mußt dich immer wieder darin üben, andernfalls kann das Mitgefühl schwinden, wenn du etwas hörst, was dich schockiert oder ärgerlich macht. Damit dein Mitgefühl nicht nachläßt, mußt du die ganze Zeit über achtsam atmen. Du hörst dem anderen aus einem einzigen Grund zu: Du willst ihm helfen, weniger zu leiden.

In einer Gemeinschaft, einer Sangha, in der die Menschen die Fähigkeit zum Zuhören und liebevollem Sprechen haben, ist wahres Glück möglich.

Achtsamkeit hilft uns, die
erfrischenden und heilenden Kräfte
in uns und um uns herum
wahrzunehmen.
Aus dieser Art des Übens erwächst
die Energie der Liebe.
Und wir wissen, daß Liebe die Frucht
von Verstehen ist.

Lieben heißt verstehen

Welche Erkenntnisse haben wir jetzt gewonnen? Wir haben gelernt, daß das Üben von Achtsamkeit uns hilft, präsent und lebendig zu sein, dem Leben verfügbar. Daß Achtsamkeit uns hilft, die erfrischenden und heilenden Kräfte in uns und um uns herum wahrzunehmen. Aus dieser Art des Übens erwächst die Energie der Liebe. Und wir wissen, daß Liebe die Frucht von Verstehen ist. In den fünfundfünfzig Jahren, die ich diesen Übungsweg schon gehe, habe ich erkannt, daß Liebe und Verstehen dasselbe sind, daß es keinen Unterschied zwischen den beiden gibt. Wenn du nicht verstehst, kannst du nicht wirklich lieben. Vielleicht hast du die Absicht, zu lieben und den anderen glücklich zu machen. Aber Liebe ist nicht allein eine Absicht, Liebe ist eine Kunst, die Fähigkeit nämlich, den anderen Menschen glücklich zu machen. Das ist meine Definition von Liebe. Fähigkeit bedeutet hier die Fähigkeit zu verstehen. Wenn du nicht verstehst, kannst du nicht lieben. Ein Vater, der die Schwierigkeiten seines Sohnes oder seiner Tochter nicht versteht, der ihre tiefsten Sehnsüchte und ihr Leiden nicht kennt, liebt seine Kinder nicht wirklich. Es ist nicht möglich, daß Ehepartner sich lieben, wenn sie einander nicht verstehen. Zu lieben bedeutet also, tief in den anderen Menschen hineinzuschauen. Dann wirst du seine Schwierigkeiten, sein Leiden, seinen Schmerz und seine tiefsten Sehnsüchte erkennen. Um das zu erreichen, mußt du wirklich ganz präsent sein.

Avalokiteshvara mit eintausend Armen

In Asien, besonders in China und Vietnam, gibt es viele Statuen vom Bodhisattva Avalokiteshvara mit eintausend Armen. Wozu braucht er so viele Arme? Seine grenzenlose Liebe und sein unendliches Mitgefühl treiben ihn dazu, das Leiden der Menschen zu lindern, und weil es so viel Leiden gibt, sind viel mehr als zwei Arme nötig. Ich weiß, daß es unter uns, die wir hier sitzen, auch viele gibt, die mehr als zwei Arme haben. Ihr sorgt für so viele Menschen: für eure Partner und Kinder, für eure Eltern und Verwandten, für eure Freunde und die armen Leute in eurer Umgebung. Ihr tut so viel; ihr braucht mehr als zwei Arme. Wir alle brauchen mehr als zwei Arme, vor allem wenn viel Liebe und Mitgefühl in uns sind. Daß ein Bodhisattva eintausend Arme braucht, ist leicht zu verstehen. Wenn du tief schaust, erkennst du, daß sich in jeder seiner Handflächen ein Auge befindet. Was bedeutet das? Warum hat er ein Auge in jeder Hand? Das Auge ist das Symbol für Verstehen. Manjushri ist der Bodhisattva des Verstehens, symbolisiert durch ein Auge, weil er tiefes Schauen praktiziert. Er schaut mit *prajna*-Augen, mit Augen des Verstehens. Der Bodhisattva Samantabhadra ist der Bodhisattva der Tat. Liebe treibt uns dazu zu handeln, uns einzusetzen für unsere Lieben, für die Gesellschaft, für den Erhalt der Natur und des Friedens. Wir können gar nicht anders, als zu handeln, weil wir wissen, daß die Welt uns braucht. Es muß uns aber stets bewußt sein, daß unser Handeln von Verstehen geleitet sein muß. In unseren Händen dürfen die Augen nicht fehlen.

Unsere Liebe kann zerstörerisch wirken, wenn wir nicht wirklich verstehen. Wollen wir den anderen glücklich machen, so müssen wir tiefes Schauen praktizieren, damit wir

Das ist die wahre Sprache der Liebe:
der Wille zur Versöhnung, der Wille, wieder neu
anzufangen. Wirklich meditieren bedeutet,
bereit zu sein, einen neuen Anfang
zu machen, uns und unseren Lieben eine neue
Chance zu geben.

seine Situation verstehen, sein Leiden und seine Hoffnungen. Es mag uns nicht leichtfallen, zu ihm zu gehen und ihm einzugestehen, daß wir ihn nicht gut genug kennen, daß er uns helfen möge, ihn besser zu verstehen, damit unsere Liebe zu ihm gefestigt werde und er nicht länger leiden müsse. Das ist die wahre Sprache der Liebe.

Vielleicht gehst du schon heute abend zu deinem geliebten Partner oder deiner geliebten Partnerin und fragst: „Liebling, glaubst du, daß ich dich gut genug verstehe? Verstehe ich dein Leiden und deine Probleme wirklich? Habe ich dazu beigetragen, daß du leidest?" Atme achtsam ein und aus, während du sprichst. Geh zu deinem Mann oder deiner Frau und stelle diese Fragen. Das ist wahres Praktizieren. „Glaubst du, daß ich dich gut genug verstehe? Verstehe ich dein Leiden und deine Probleme? Habe ich dazu beigetragen, daß du leidest?" Wenn der andere spürt, daß du aufrichtig und mit offenem Herzen sprichst, mag er anfangen zu weinen, weil sein Leid so groß war, weil er dein Verstehen vermißte. Auch deine Kinder haben vielleicht gelitten, weil du gleichgültig warst und ihnen nicht das Verständnis entgegenbrachtest, nach dem sie sich sehnten. Glücklich zu sein, geliebt zu sein, bedeutet, verstanden zu werden. Bitte meditiere darüber.

Wenn du dich nicht verstanden fühlst, kannst du nicht glücklich sein. Deshalb mußt du, wenn du in Anspruch nimmst, ein wirklich Liebender zu sein, dich bemühen, deinen Partner wirklich zu verstehen. Das ist die wahre Sprache der Liebe: der Wille zur Versöhnung, der Wille, wieder neu anzufangen. Wirklich meditieren bedeutet, bereit zu sein, einen neuen Anfang zu machen, uns und unseren Lieben eine neue Chance zu geben.

*Wenn wir einen anderen Menschen wirklich lieben
und wollen, daß sein Leiden sich verringert,
kann eine Stunde achtsamen und mitfühlenden Zuhörens ausreichen, um ihm Heilung zu bringen.*

Die Kunst der Kommunikation

Wenn der andere anfängt zu weinen, kannst du sicher sein, daß er sein Herz für dich wieder geöffnet hat und daß es einen Neuanfang geben kann. Eure Kommunikation war gestört, ja unmöglich geworden, weil ihr es verlernt hattet, einander wirklich zuzuhören, weil ihr nicht mehr in der Lage wart, liebevoll miteinander zu sprechen. In euren Worten war viel Bitterkeit und Haß, so daß keiner mehr bereit war, dem anderen zuzuhören. Das verschaffte euch beiden Leiden.

In technischer Hinsicht ist die Kommunikation zwischen den Menschen heutzutage unglaublich einfach geworden. Wir können miteinander telefonieren, faxen, E-Mails senden – innerhalb kürzester Zeit bis zur anderen Hälfte des Erdballs. Wir können sogar Botschaften zu anderen Sternen hinschicken. Gleichzeitig aber ist die Kommunikation zwischen Mann und Frau, Vater und Sohn, Mutter und Tochter, zwischen Freunden schwierig geworden. Darum müssen wir die Kunst des achtsamen Zuhörens und liebevollen Sprechens wieder neu erlernen. Unser Meditieren wird uns dabei helfen. Wir wissen von der Fähigkeit des Bodhisattvas Avalokiteshvara, mitfühlend zuzuhören. Und das können auch wir lernen.

Es gibt Menschen, die voll sind von Leiden, Spannung und Zorn. Sie sind wie eine Bombe, die jeden Augenblick explodieren kann. Wir haben Angst, ihnen nahezukommen, weil wir fürchten, die Bombe könnte hochgehen und wir ihr Opfer werden. Aus dem Grund gehen wir auf Distanz. Der andere aber glaubt, wir würden ihn verachten. In Wirklichkeit haben wir nur Angst vor ihm. Wir haben Angst, er kön-

*Wenn wir einen anderen Menschen wirklich lieben
und wollen, daß sein Leiden sich verringert, kann eine
Stunde achtsamen und mitfühlenden
Zuhörens ausreichen, um ihm Heilung zu bringen.*

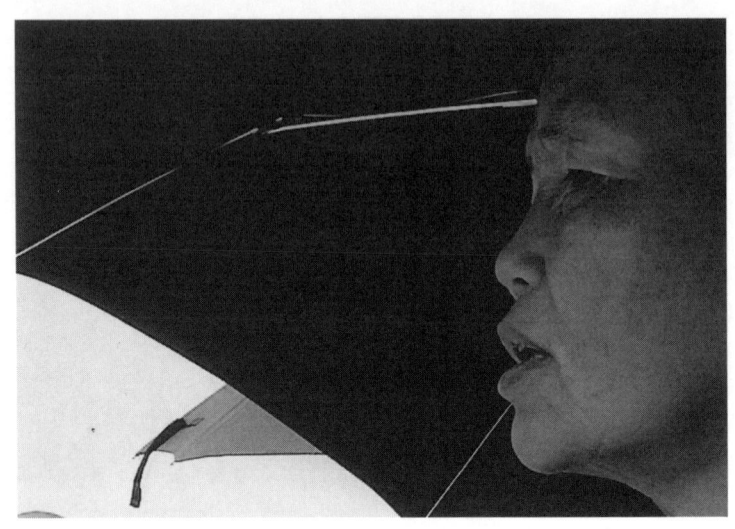

*In dem Augenblick, wo Irritation oder Wut
in dir aufsteigen, solltest du das Gespräch abbrechen.
„Mein Liebes, ich kann heute nicht
weitermachen. Ich muß erst wieder zur Ruhe kommen.
Gib mir bitte morgen wieder eine Chance."*

ne explodieren wie eine Bombe und sein Leiden und seinen Haß über uns verbreiten. Deshalb halten wir Abstand. Auch wir leiden.

Tatsächlich aber können wir ihm oder ihr helfen. Wir können die Bombe entschärfen. Das bedarf einiger Übung, sonst ist es gefährlich. Dazu müssen wir die Energie der Achtsamkeit in uns zur Entfaltung bringen. Dann schaffen wir es, mitfühlend zuzuhören und liebevolle Rede zu üben, den anderen zu verstehen und sein Leiden zu lindern.

Ohne die Energie der Achtsamkeit zur Entfaltung gebracht zu haben, werdet ihr euch fürchten, wieder nach Hause zurückzukehren, weil noch viel Leid und Schmerz und Krieg in euch ist. Ich aber weiß, daß die Energie der Achtsamkeit euch dazu verhelfen wird, furchtlos heimzukehren, und daß ihr es fertigbringen werdet, euren Schmerz zu umarmen. Achtsamkeit nämlich ist die Energie des Buddha, und diese Energie sollten wir in uns erzeugen. Wir alle sind zukünftige Buddhas.

Diese Energie können wir in uns nähren, indem wir die Kunst des achtsamen Ein- und Ausatmens üben. Wenn wir einen anderen Menschen wirklich lieben und wollen, daß sein Leiden sich verringert, kann eine Stunde achtsamen und mitfühlenden Zuhörens ausreichen, um ihm Heilung zu bringen. Vielen meiner Schüler gelingt das nach ihrer Rückkehr in ihr ‚normales‘ Leben. Nach einer gewissen Zeit des Praktizierens sind sie in der Lage, Menschen zu helfen, die leiden – in ihrer Familie, in ihrer Gesellschaft.

Die Quelle des Lichts berühren

Wenn du ein erleuchtetes Wesen gehen, sitzen, essen oder lächeln siehst, berührst du die Quelle des Lichts, das von ihm ausgeht, und wenn ein solcher Lichtstrahl dich trifft, wirst auch du erleuchtet und fängst an, dich und die Dinge um dich herum viel klarer zu erkennen.

Wenn es einmal geschieht, daß du mit einem geliebten Menschen in Streit gerätst, schließe die Augen und schau in die Zukunft. „Wo wirst du, mein geliebter Mensch, in dreihundert Jahren sein? Wo werde ich sein?" Du brauchst nur achtsam ein- und auszuatmen und dir vorzustellen, wie es mit euch beiden in dreihundert Jahren sein wird. Dein Ärger wird sogleich verschwinden. Und du erkennst, daß nichts anderes wichtig ist, als auf den Menschen, der vor dir steht, zuzugehen und ihn in die Arme zu schließen.

Du hast das Recht, ihm alles zu sagen,
vorausgesetzt, du tust es ruhig, liebevoll und
in Achtsamkeit.

Höre, höre!
Dieser wunderbare Klang bringt mich zurück
zu meinem wahren Selbst.

Die Kunst der Telefon-Meditation

Wenn das Telefon klingelt, bleib zunächst da, wo du bist. Nimm nicht sofort den Hörer ab. Das Telefon ist so etwas wie eine Glocke der Achtsamkeit. Jemand läßt sie ertönen, damit du bewußt ein- und ausatmen kannst. Lauf nicht gleich zum Telefon, sonst verlierst du deine Würde und wirst zum Opfer. Bleib, wo du bist, und sei Herr über dich selbst. „Ich atme ein und komme zur Ruhe. Ich atme aus und lächele." Die Gatha für die Glocke lautet: „Höre, höre! Dieser wunderbare Klang bringt mich zurück zu meinem wahren Selbst." Wir können diese Worte auch leise sprechen, wenn das Telefon läutet: „Höre, höre! Dieser wunderbare Klang bringt mich zurück zu meinem wahren Selbst." Das Klingeln des Telefons mag dich neugierig machen und eine gewissen Spannung in dir bewirken: Wer ruft da wohl an? Ist es eine gute oder eine schlechte Nachricht? Dein innerer Friede ist ein wenig gestört. Aber bitte widerstehe dem Wunsch, sofort zum Telefon zu laufen; versuche, bei dir selbst zu bleiben. Auch beim zweiten Klingeln kannst du noch ruhig sitzen bleiben und dich auf dein Atmen konzentrieren. Mach dir keine Gedanken darüber, daß die Anruferin auflegen könnte. Wenn es etwas sehr Wichtiges ist, was sie dir mitteilen möchte, wird sie es mehrmals läuten lassen. Also kannst du, wenn es einige Male läutet, mehrmals achtsam ein- und ausatmen und lächeln. Dann erst gehst du in Ruhe zum Telefon, nimmst den Hörer ab und bist ganz da, lächelnd und gelassen. Das tut nicht nur dir gut, sondern auch der Person, die dich anruft. Ich bin sicher, daß die Qualität eures Gesprächs gut sein wird.

Es ist aber so, daß die Art und Weise,
wie du Wasser trinkst, sehr spirituell sein kann.
Auch die Art, wie du gehst,
kann in hohem Maße spirituell sein.
Spiritualität läßt sich von
unserem Tun im täglichen Leben
nicht trennen.

Spiritualität im Alltag

Ich habe viel zu tun. Ich kümmere mich um die Schulung von Mönchen und Nonnen, leite Meditations-Retreats überall in der Welt. Aber ich versuche, diese Aufgaben immer aus einer friedlichen und ruhevollen Haltung heraus zu erfüllen. Ich praktiziere achtsames Atmen, ich praktiziere Gehmeditation. Ich möchte volle Kontrolle über mich selbst haben, während ich all das tue. Wenn ein friedlicher Geist und Mitgefühl unser Handeln bestimmen, werden wir anderen Menschen keine Schmerzen zufügen. Im Gegenteil: Unser Gefestigtsein und unser Mitgefühl, das in all unseren täglichen Verrichtungen spürbar wird, wirken ,ansteckend' auf unsere Mitmenschen und können sich auf sie übertragen.

Jegliches Tun kann spirituell sein. Ich erinnere mich daran, wie ich einmal in Australien mit einer Reihe von katholischen Priestern zusammengetroffen bin. Ich sprach davon, daß man Achtsamkeit sehr konkret im täglichen Leben üben könne,: beim Essen, Trinken, Sitzen, Schauen, Gehen und Lächeln. Sie waren überrascht. Sie sagten, sie seien es nicht gewohnt, Spiritualität so konkret unter diesem Aspekt zu sehen. Es ist aber so, daß die Art und Weise, wie du Wasser trinkst, sehr spirituell sein kann. Auch die Art, wie du gehst, kann in hohem Maße spirituell sein. Spiritualität läßt sich von unserem Tun im täglichen Leben nicht trennen.

Wir sind verschiedene Male in Indien gewesen. Während eines meiner Besuche traf ich mit einer Gruppe von Buddhisten zusammen, die zu den ,Unberührbaren' gehörten, der untersten Kaste also. Wir hatten auch die Gelegenheit, mit anderen Persönlichkeiten der Gesellschaft buddhistische Gespräche zu führen – mit der intellektuellen Elite und auch mit einigen sehr reichen Menschen. Den indischen Vize-Präsidenten traf ich an einem Tag, der sehr arbeitsreich für ihn gewesen war. Am Morgen war die neue Legislaturperiode eröffnet worden, und er hatte vier neue Kabinettsmitglieder ernannt. Als ich ihn traf, sagte ich: „Herr Präsident, es ist bewundernswert, daß Sie an solch einem arbeitsreichen Tag noch Zeit für einen Mönch haben." Er lächelte und antwortete: „Für einen Mönch müssen wir immer Zeit haben."

Während unseres Gesprächs machte er sich Gedanken darüber, wie sich das zwischenmenschliche Klima während der Parlamentssitzungen verbessern ließe. Er fragte sich, was zu tun sei, damit die Abgeordneten ruhiger sprächen und einander wirklich zuhörten. „Das sind wir den Menschen, die uns gewählt haben, schuldig", sagte er. Ich schlug vor, daß der Parlamentsvorsitzende die Glocke der Achtsamkeit ertönen lassen solle, sobald ein Abgeordneter sich erregen würde, und ihn bitten solle, achtsam zu atmen und erst dann weiterzusprechen, wenn er sich wieder beruhigt habe. Über derartige Dinge haben wir gesprochen. Über nichts Politisches, nur Spirituelles. Das war sehr angenehm.

Die Kunst liebevoller Rede

Wenn du Kummer hast und ein anderer Mensch lädt dich ein, ihm dein Herz auszuschütten, mußt auch du die Kunst der ‚rechten‘ Rede beherrschen. Du hast das Recht, ihm alles zu sagen, vorausgesetzt, du tust es ruhig, liebevoll und in Achtsamkeit. In dem Augenblick, wo Irritation oder Wut in dir aufsteigen, solltest du das Gespräch abbrechen. „Mein Liebes, ich kann heute nicht weitermachen. Ich muß erst wieder zur Ruhe kommen. Gib mir bitte morgen wieder eine Chance.“ Dann geh hinaus und praktiziere achtsames Gehen und achtsames Atmen, um dich zu beruhigen. Denn es ist nicht ratsam zu sprechen, wenn du innerlich aufgewühlt bist. Das, was du in solch einem Zustand sagst, kann zerstörerisch wirken.

Auf einem Retreat begegnete ich einmal einer jungen Frau, die als neun- oder zehnjähriges Kind von ihrem Vater sexuell mißbraucht worden war. Wir saßen im kleineren Kreis zusammen und übten tiefes Zuhören, damit sie ihr Herz ausschütten konnte. Wir saßen voller Achtsamkeit und bemühten uns, ihr tief zuzuhören. Aber ihr Leiden war so groß, daß sie nach kurzer Zeit nicht weitersprechen konnte. So ging es an zwei oder drei Tagen. Wenn der Schmerz sie überwältigte, blieben wir ruhig sitzen und schwiegen. Schließlich gelang es ihr zu sprechen. Unser tiefes Zuhören hatte es ihr möglich gemacht.

Fühle dich also ermutigt, dein Herz auszuschütten, wenn es dir schlechtgeht, und scheue dich nicht, anderen deinen Kummer zu offenbaren. Tu das aber in achtsamer Rede. Sobald du spürst, daß Wut aufsteigt, sprich nicht weiter. Bitte um ein neues Gespräch zu einem anderen Zeitpunkt.

*Wenn Menschen verschiedener spiritueller Traditionen
zusammenkommen, verliert niemand.
Das Miteinander-Kommunizieren bringt allen
nur Gewinn.*

Angst vor dem Fremden

Viele Menschen fürchten bei der Berührung mit dem Fremden ihre Identität zu verlieren, weil sie sich der Tatsache
nicht bewußt sind, daß das Selbst nur aus Nicht-Selbst-Ele-
menten besteht. Nehmen wir die Bevölkerung von Frankreich als Beispiel. Wenn wir sie analysieren und tief schauen,
erkennen wir, daß sie sich aus vielen Elementen zusammensetzt, die nicht-französisch sind. Genauso ist es mit der Kultur, mit allem. Wir sollten es lernen, uns durch andere Nicht-
Selbst-Elemente zu ‚bereichern‘ und zu befruchten. Auch
der Buddhismus besteht aus nicht-buddhistischen Elementen, das wissen wir sehr wohl. Deshalb sollten wir unser
unterscheidendes Denken aufgeben. Wenn es keinen Sonnenschein, keine Wolken, keine Erde gäbe, gäbe es auch keine Rose. Darum müssen wir dem Sonnenschein, der Wolke,
der Erde dankbar sein, daß es sie gibt, denn nur durch sie
bekommt die herrliche Rose ihre Lebenskraft. Wenn Menschen verschiedener spiritueller Traditionen zusammenkommen, verliert niemand. Das Miteinander-Kommunizieren bringt allen nur Gewinn.

Lehren – Lehrer sein

Jedesmal, wenn ich in Indien bin, lerne ich etwas dazu. Dieses Mal zeigten sie mir, wie man in traditioneller Weise einem spirituellen Lehrer gegenüber Achtung erweist. Es ist auch heute noch genauso wie zu Zeiten des Buddha. Gestern besuchte ich ein Haus, und die ganze Familie kam, verbeugte sich vor mir, warf sich zu Boden und berührte meine Füße. So wird es auch in den Sutras beschrieben. Das Berühren der Erde soll zum Ausdruck bringen, daß der Übende seinen Körper und seinen Geist völlig der Spiritualität seines Lehrers übergibt. Ihr konntet es am Strand sehen, wie viele Leute dem Lehrer näherkommen und von ihm berührt werden wollten. Sie nahmen Sand aus seinen Fußstapfen und streuten sich ihn über den Kopf. Es gibt also einen großen Durst nach Spiritualität. Wenn ein Lehrer nicht gut praktiziert und kein auf Mitgefühl und Liebe gründendes Verstehen in ihm ist, begeht er Verrat, Verrat an seinen eigenen Leuten.

Das Lehren ist auch für uns Lehrer eine Gelegenheit, zu lernen und auf unserem Übungsweg voranzukommen. Lehren bedeutet, mit andern deine Erfahrungen (und auch deine Begeisterung) zu teilen.Wenn du nichts hast, was du teilen kannst, ist es selbstverständlich unmöglich zu lehren. Hast du aber die Unwissenheit überwunden und bist aufrichtig, so hast du etwas, was du (mit)teilen kannst, und wirst – was dein Verstehen, dein Mitgefühl und deine liebende Güte betrifft – als Lehrender auch dich selbst bereichern. Hast du also die Möglichkeit zu lehren, so ergibt sich für dich die Möglichkeit, zu üben und mehr zu lernen. Das ist das eine.

*Das Lehren ist auch für uns
Lehrer eine Gelegenheit, zu lernen und auf unserem
Übungsweg voranzukommen.
Lehren bedeutet, mit andern deine Erfahrungen
(und auch deine Begeisterung) zu teilen.
Wenn du nichts hast, was du teilen kannst, ist es
selbstverständlich unmöglich zu lehren.*

Das andere ist folgendes: Wenn deine Schüler dir Respekt zollen, muß dir bewußt sein, daß du kein Selbst hast und daß sie nicht deinem Ego Achtung erweisen, sondern deiner Übung und dem, was du lehrst. Wenn sich also die Schüler vor mir verbeugen und niederwerfen, verstehe ich das nicht als Ausdruck des Respekts vor meiner Person. Ich mache mir klar, daß sie sich verbeugen, um ihrer Ehrfurcht dem Buddha und Generationen früherer Lehrern gegenüber Ausdruck zu verleihen. Ich bin nur ein Repräsentant der Lehre für sie. Also bin ich frei und ungefährdet. Ich brauche nur zu atmen, um zu erkennen, daß ich nur ein Symbol, nur ein Dienender bin. Ich sitze da, ganz entspannt, und atme achtsam ein und aus, damit der Mensch vor mir die vorausgegangenen Buddhas und Bodhisattvas, in denen Weisheit und liebende Güte ihren Ursprung haben, berühren kann.

Wenn jemand hier in Indien mich bittet, ihn zu segnen, so tue ich das. Während ich meine Hand auf seinen Kopf lege, bin ich mir meines Atmens gewahr, um sicher zu sein, daß vollkommene Achtsamkeit in mir ist. Dann bitte ich den anderen, gleichfalls achtsam ein- und auszuatmen. So verwirklichen sich Frieden, Stabilität und Erwachen in ihm. Da ist nichts Mysteriöses mit im Spiel, wir genießen gemeinsam diesen Augenblick in Achtsamkeit.

Ich lerne viel von meinen Schülern, selbst von den sehr jungen. Lehren ist also auch für den Lehrer eine Chance, auf seinem Übungsweg voranzukommen. Wenn die Kommunikation zwischen dir und deinen Schülern gut ist, wenn sie Fortschritte machen und fortan freudiger und glücklicher leben, fühlst du dich hoch belohnt. Ich erfahre so durch meinen Kontakt mit ihnen eine Menge Glück.

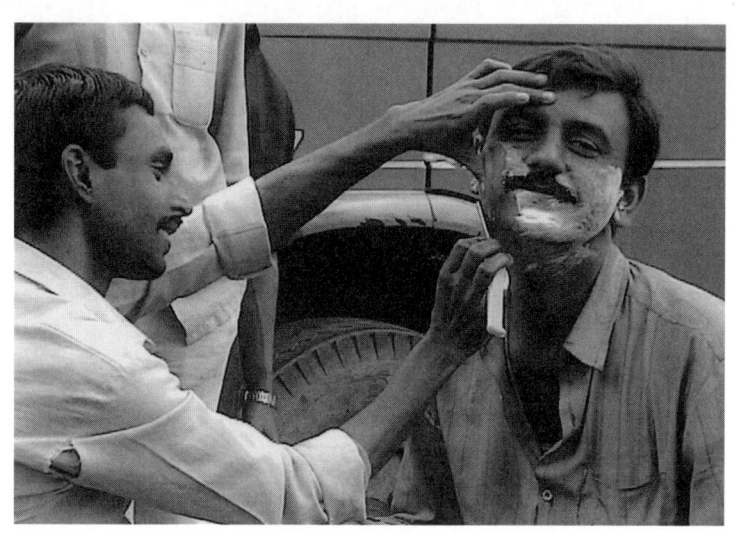

Ich brauche nur zu atmen,
um zu erkennen, daß ich nur ein Symbol,
nur ein Dienender bin.

Wir sollten es lernen, die Erde als unser Zuhause
betrachten. Wenn wir erkennen,
daß wir eins sind, wird die Erde zu unserem
Heimatland. Wir müssen uns für jeden Teil der
Erde verantwortlich fühlen. Nur so können
wir das Leiden lindern, dem wir heute begegnen.

Arm und reich

Wißt ihr noch, wie wir in Bodh-Gaya waren und die Kinder uns um Geld anbettelten? Uns war von vornherein klar, daß wir ihnen nichts geben würden. Wir beschlossen statt dessen, einer Organisation Geld zu spenden, die es in irgendeiner Weise den Kindern zugute kommen lassen sollte. Wir lehnten es also ab, den Kindern Geld zu geben, aber wir boten ihnen unsere Freundschaft an. Das ging sehr gut. Als sie sich von unserer Freundschaft und Liebe umarmt fühlten, vergaßen sie das Betteln. Ganz schnell war ein herzlicher Kontakt hergestellt. Das war eine schöne Erfahrung!

Wenn du ein Mönch wirst, gelobst du, einfach zu leben. Dadurch ergibt sich zugleich ein engerer geistiger Kontakt zu einfachen Leuten. In Vietnam haben wir die Farbe Braun für die Mönchsrobe gewählt, weil bei uns auch Bauern in Braun gekleidet sind, – so wie im Westen die Fabrikarbeiter im allgemeinen blau tragen. In Vietnam also tragen die Bauern und die armen Leute braun. Daß die Roben der Mönche und Nonnen braun sind, hat also eine Bedeutung. In unserer Tradition müssen Mönche und Nonnen auf den Feldern und im Garten arbeiten, so wie andere Menschen auch. Es ist also natürlich, daß wir viel mit den Armen zusammenkommen.

Dir muß aber klar werden, daß reiche Menschen genauso leiden wie arme. Manchmal habe ich den Eindruck, daß sie sogar mehr leiden. Diese Erfahrung. habe ich gemacht. Laß dich durch ihre äußere Erscheinung nicht täuschen. Du magst glauben, sie würden weniger als andere Menschen leiden, nur weil sie reich sind. Das ist aber nicht wahr. Sie leiden genauso. Deshalb solltest du auch ihnen Mitgefühl entgegenbringen und dich um sie sorgen. Das müssen wir üben.

Natürlich haben die Armen auch ihre schlechten Seiten, manchmal sehr üble, genau wie die Reichen auch. Das mußt du verstehen. Wir müssen das akzeptieren, um ihnen zu helfen. Reiche Menschen sind gern mit anderen Reichen zusammen. Sie verkehren nicht gern mit Armen. Das ist ein Verlust für sie.

Als ich in Kalkutta war, sah ich, wie reiche Leute durch die erbärmlichsten Stadtviertel fuhren, ohne die Armen im geringsten zu beachten. Armut ist so selbstverständlich für sie. Ihnen ist gar nicht bewußt, wie reich sie sind. Sie glauben, daß Arme und Reiche nichts miteinander zu tun haben. Das ist aber nicht richtig. „Dies ist, weil das ist." Alles steht mit allem anderen in Verbindung und ist von ihm abhängig. Es gibt eine wechselseitige Beziehung zwischen allem, was ist. Durch die Buddha-Lehre gelangen wir zu der wichtigen Erkenntnis, daß nichts aus sich selbst heraus existieren kann, daß ein Gebilde sich aus vielen anderen zusammensetzt und eines das andere bedingt. Wenn du tief schaust, erkennst du, daß dein Reichtum von der Armut dieser Menschen abhängt. Sie alle haben viel mit dir zu tun, sie sind nichts von dir Getrenntes. Wenn du dir dessen bewußt bist, wirst du nicht so weiterleben wir bisher. Du wirst mit ihnen als menschlichen Lebewesen in Beziehung treten und sie nicht bloß als Angehörige bestimmter Kasten betrachten, und indem du das tust und dich bemühst, ihre Lebensqualität zu erhöhen, erfährst du mehr Freude und Frieden und weniger Leiden. Das ist meine Botschaft an die reichen Menschen hier in Indien.

Nur ein Tropfen Wasser des Mitgefühls,
und der Frühling kehrt
auf unsere große Erde zurück.

Zweiter Teil

Die Rede von Bodh Gaya

In meiner Vorstellung ist
Erwachen immer ein Erwachen z u etwas.
Genauso, wie man
immer ü b e r etwas nachdenkt.

Der Geist der Liebe

Ich denke an den Morgenstern. Denn in der Dämmerung nach der Vollmondnacht im Mai, als der Morgenstern am Himmel stand, ‚erwachte' Shakyamuni. Ich stelle mir vor, daß es Menschen gab, die dazukamen und sahen, wie der Erwachte dasaß und auch noch den Abendstern betrachtete. Es heißt nämlich, er habe nach seinem großen Durchbruch zur Erleuchtung noch eine Weile (Tage oder Wochen) in Meditation unter dem Bodhi-Baum verharrt. In meiner Vorstellung ist Erwachen immer ein Erwachen *zu* etwas. Genauso, wie man immer *über* etwas nachdenkt. Damit Denken möglich ist, muß es ein Subjekt und ein Objekt des Denkens geben. Ebenso ist es, wenn wir Angst haben; wir haben immer *vor* etwas Angst. Subjekt und Objekt gehören zusammen.

Was ist nun das Objekt des Erwachens beim Buddha?

Es gibt Zeiten, da halte ich mich für sehr jung. Ich glaube, alle von euch kennen das Gefühl, verglichen mit anderen Menschen oder Dingen, jung zu sein. Manchmal hingegen können wir auch das Gefühl haben, sehr alt zu sein.

Alle Menschen haben die Fähigkeit zu erwachen,
erleuchtet zu werden, und dennoch
lassen sie sich mitreißen von den Wellen des
Leidens und der Verwirrung.

Ein Samenkorn vom Bodhi-Baum

Ich möchte euch einladen, tief in ein Samenkorn vom Bodhi-Baum zu schauen. Ein solches kleine Samenkorn kann zu einem großen Bodhi-Baum werden. Wie jung oder alt ist ein Samenkorn? Das Samenkorn ist noch winzig, aber in ihm schlummert bereits die Weisheit des erwachsenen Baumes. In ihm ist die Kraft, sich zu einem Baum zu entwickeln, ohne daß irgend jemand ihm zeigen müßte, wie das zu vollbringen ist.

Als der Buddha Erleuchtung erlangte, sagte er: „Es ist seltsam. Alle Menschen haben die Fähigkeit zu erwachen, erleuchtet zu werden, und dennoch lassen sie sich mitreißen von den Wellen des Leidens und der Verwirrung. Sie sind nicht in der Lage, die Quelle des Verstehens, der Weisheit und Erleuchtung manifest werden zu lassen, obwohl sie in jedem Menschen vorhanden ist."

Es gibt eine Möglichkeit, den in uns verborgen liegenden Schatz von Weisheit, Liebe und Verstehen, Frieden und Freude zu berühren und ihn wie eine Blume zum Erblühen zu bringen.

Es gibt keine Liebe ohne Verstehen,
und deshalb übersetze ich ‚bodhicitta‘, was soviel
wie ‚Erleuchtungsgeist‘ bedeutet,
gern mit ‚Geist der Liebe‘.

Die Quelle des Verstehens

Verstehen bedeutet zugleich Lieben. Die Quelle des Verstehens ist auch die Quelle der Liebe. Lieben und Verstehen
sind untrennbar miteinander verbunden. Wenn du den
anderen Menschen nicht verstehst – weder seinen Schmerz
und sein Leiden noch seine Sehnsüchte – ist es unmöglich,
daß du ihn liebst. Ein Vater mag den besten Willen haben,
seinen Sohn zu lieben und ihn glücklich zu machen. Wenn
er aber nichts weiß von seinem Leiden und Schmerz, von
seinen Wünschen und Hoffnungen, seinen Problemen und
Schwierigkeiten, wenn er also nicht versteht, was seinen
Sohn zutiefst bewegt, wird er ihn nicht glücklich machen
können. Es gibt keine Liebe ohne Verstehen, und deshalb
übersetze ich ‚bodhicitta‘, was soviel wie ‚Erleuchtungsgeist‘
bedeutet, gern mit ‚Geist der Liebe‘.

Du hast bestimmt nicht vergessen, wie dir zumute war, als
du Probleme hattest und niemand da war, der dich verstand.
Du fühltest dich hilflos und alleingelassen und weintest. Wir
alle brauchen das Verständnis von seiten unserer Mitmenschen. Verstanden zu werden bedeutet, geliebt zu werden.
Um wirklich zu verstehen, mußt du Zeit haben und ganz
präsent sein. Nur so gelingt es dir, tief in den Menschen zu
schauen, den du liebst und den du glücklich machen möchtest. Tiefes Schauen bedeutet Meditieren. Meditieren heißt:
Da sein, vollkommen präsent; Körper und Geist als nichts
Getrenntes mehr erfahren, und so die Möglichkeit haben,
tief zu schauen. Tiefes Schauen, ‚Vipassana‘, ist die Grundvoraussetzung für wirkliches Verstehen.

Wenn ich achtsames Atmen praktiziere, kommen Körper
und Geist in einem einzigen Moment des Ein- und Ausat-

mens zusammen. Die Frucht des Meditierens, die Einheit von Körper und Geist, wird mir unmittelbar zuteil. Um diesen Zustand zu erreichen, brauchst du nicht lange Monate oder gar Jahre zu praktizieren. Nein, wenn du willst, daß Körper und Geist eins werden, brauchst nur du einmal achtsam ein- und auszuatmen. Gelingt dir das, so bist du plötzlich ganz da, zu hundert Prozent präsent im gegenwärtigen Augenblick. Und mit dem bewußten Erleben dieses Augenblicks erlangt noch etwas anderes in dir Präsenz: das Leben. Richtest du deine Achtsamkeit jedoch nicht allein auf das, was im gegenwärtigen Augenblick geschieht, so kannst du das Leben nicht wirklich erfahren.

Zum Leben erwachen

Stell dir vor, du bist mit einer Gruppe von Freunden zusammen, und ihr betrachtet einen wunderschönen Sonnenuntergang. Du aber befindest dich in einer schlechten Verfassung, bist sozusagen ,geistesabwesend': versunken in deine eigenen Gedanken oder Träume oder mit Zukunftssorgen beschäftigt oder verärgert über das, was in der Vergangenheit passiert ist. Weil du nicht wirklich da bist, ist auch der schöne Sonnenuntergang für dich nicht da. Wenn du aber die Kunst des achtsamen Atmens beherrschst und anfängst, achtsam ein- und auszuatmen, erwachst du zum eigentlichen Leben, und auch der schöne Sonnenuntergang wird für dich zur Wirklichkeit. In diesem Augenblick ist Leben wirklich existent, und du fängst an zu begreifen, was Erleuchtet- und Erwachtsein bedeutet, und erfährst, wie Weisheit, Verstehen und Liebe sich entfalten.

Wenn es dir gelingt,
ganz da zu sein, und du mit deiner Präsenz
und Achtsamkeit das berührst,
was ist, und tief schaust, wird sich dir
die wahre Natur dessen,
was du betrachtest, erschließen.
Du wirst verstehen.

Wenn es dir gelingt, ganz da zu sein, und du mit deiner Präsenz und Achtsamkeit das berührst, was ist, und tief schaust, wird sich dir die wahre Natur dessen, was du betrachtest, erschließen. Du wirst verstehen. Stell dir vor, du hast die Gelegenheit, dich fünf oder zehn Minuten lang ganz der Betrachtung einer Lotusblume zu widmen. Du richtest deine Achtsamkeit auf nichts anderes als auf die Lotusblume. Du hängst keinerlei Gedanken nach, grübelst nicht über irgendwelche Projekte. Du machst dir keine Sorgen über die Zukunft, bist frei von Eifersucht oder Ärger, tust also nichts anderes, als deine Achtsamkeit allein auf die Lotusblume zu richten. Du praktizierst tiefes Schauen. Dann genießt du nicht nur ihren Anblick und ihre Gesellschaft, sondern wirst selbst so frisch wie diese Blume. Denn das Schöne, das du tief berührst, übt eine erfrischende und heilende Wirkung auf dich aus. Vorausgesetzt, du bist wirklich präsent.

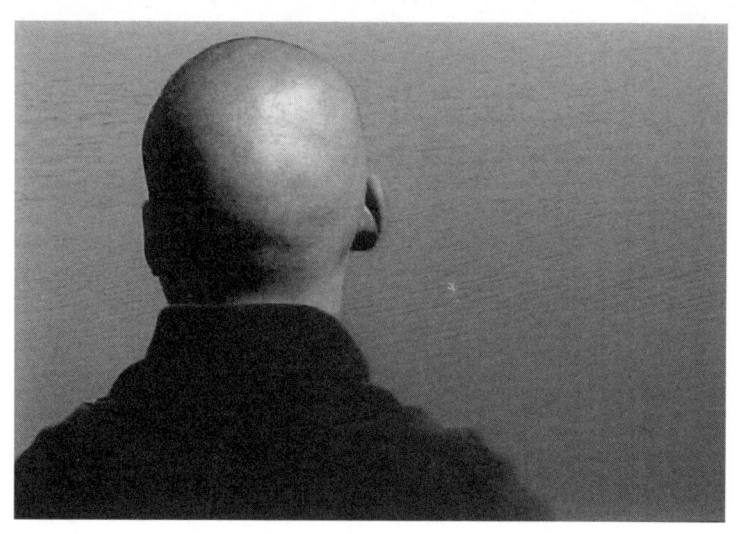

Du weißt, daß es ohne Wolke keinen Regen gibt
und ohne Regen kein Wasser im Teich,
und ohne Wasser kann die Lotusblume nicht leben.
Wenn du die Blume also achtsam betrachtest
und in ihre wahre Natur schaust, erkennst du in ihr
lauter Nicht-Lotus-Elemente:
die Wolke, den Regen, das Wasser.

Die Lotusblume ist ein Botschafter des gesamten
Kosmos, der dich besuchen kommt!
Welch ein Glück, daß du da bist, um ihn
zu empfangen!

Botschafter des Kosmos

Nicht allein in dieser Hinsicht profitierst du von deinem achtsamen Schauen. Du gewinnst auch ein tieferes Verstehen, was die wahre Natur der Lotusblume betrifft. Du entdeckst, daß sie vollkommen aus Nicht-Lotusblumen-Elementen besteht. In jedem Blütenblatt erkennst du die Wolke, die über den Himmel zieht. Du brauchst kein Poet zu sein, um das zu sehen. Du weißt, daß es ohne Wolke keinen Regen gibt und ohne Regen kein Wasser im Teich, und ohne Wasser kann die Lotusblume nicht leben. Wenn du die Blume also achtsam betrachtest und in ihre wahre Natur schaust, erkennst du in ihr lauter Nicht-Lotus-Elemente: die Wolke, den Regen, das Wasser. Du erkennst in ihr auch die Sonne, den Sonnenschein. Denn wie könnte eine Lotusblume wachsen und gedeihen und blühen, wenn die Sonne nicht da wäre? Und wenn du in deiner Achtsamkeit nicht nachläßt, erkennst du auch den Schlamm im Teich; du siehst den Gärtner, der sich um den Teich kümmert, du siehst den Himmel, den Raum, du siehst dein Bewußtsein. Ja, eine Lotusblume besteht aus nichts anderem als aus Nicht-Lotus-Elementen: dem Sonnenschein, der Wolke, dem Regen, dem Schlamm, deinem Bewußtsein und vielem mehr. Wenn du tief genug schaust, wird dir klar, daß der gesamte Kosmos mit dazu beigetragen hat, daß die Lotusblume Leben gewinnen und für dich manifest werden konnte. Ist das nicht wunderbar? Die Lotusblume ist ein Botschafter des gesamten Kosmos, der dich besuchen kommt! Welch ein Glück, daß du da bist, um ihn zu empfangen!

Nicht nur du, der du dich verbeugst, bist leer, sondern
auch der Buddha, vor dem du
dich verbeugst. Schaue tief! Erkenne, daß in dem
einen Buddha – wie auch in dir –
sämtliche anderen Buddhas und sämtliche anderen
Elemente im Kosmos enthalten sind!

Leersein bedeutet Einssein

Es gibt Interessantes zu entdecken, wenn du so kontemplierst. Versuchst du zum Beispiel die Nicht-Lotus-Elemente zurückzuführen zu ihrem jeweiligen Urspung, d.h. den Sonnenschein zurück zur Sonne, das Wasser zurück zur Wolke, so stellst du fest, daß es gar keine Lotusblume mehr gibt. Die Blume ist leer, leer von einem unabhängigen, eigenständigen Selbst, einem Selbst, das aus sich allein heraus existiert. Dank dieser Leerheit kann die Lotusblume für dich da sein. Ein Meditationsmeister des zweiten Jahrhunderts erklärte, daß dank der Leerheit alles möglich ist: Du bist da, weil du im Wesen leer bist; und ich existiere, weil meine Natur leer ist. Leerheit hat nichts mit Nihilismus zu tun. Leerheit bedeutet nur, daß alle Elemente miteinander verwoben sind, einander durchdringen und in wechselseitiger Beziehung zueinander stehen, also leer sind von einem eigenständigen, individuellen Selbst.

Du magst den Wunsch verspüren, die Lotusblume länger am Leben zu erhalten, oder möchtest ihr aus Bequemlichkeit weniger Wasser geben müssen. Dann kaufst du dir vielleicht eine Lotusblume aus Plastik, deren Lebensdauer fast unbegrenzt ist und die kein Wasser braucht. Aber das ist keine wirkliche Lotusblume. Wir haben oft eine Vorstellung von dem, was Glück bedeutet, aber gerade diese Vorstellung wird uns zum Hindernis für unser Glück.

In meiner Tradition meditiert man, bevor man sich vor dem Buddha verbeugt, über die Leerheit des Verbeugens. Als ich mit sechzehn Jahren als Novize in ein buddhistisches Kloster aufgenommen wurde, lehrte mich mein Meister einen Spruch, den ich auswendig lernen und immer dann aufsagen sollte, wenn ich mich vor dem Buddha verbeugen wollte. Der Spruch lautet: *„Derjenige, der sich verbeugt, und derjenige, dem die Verbeugung gilt, sind beide in ihrem Wesen leer."* Der Buddha ist also in seinem Wesen ebenso leer, wie du es bist. Nicht nur du, der du dich verbeugst, bist leer, sondern auch der Buddha, vor dem du dich verbeugst. Schaue tief! Erkenne, daß in dem einen Buddha – wie auch in dir – sämtliche anderen Buddhas und sämtliche anderen Elemente im Kosmos enthalten sind! Erst wenn du diese Einsicht gewonnen und erkannt hast, daß alles leer, also eins ist, kannst du dich verbeugen.

Wenn du über die Leerheit von allem, was ist, meditierst, kann dir das auch in zwischenmenschlichen Beziehungen Gewinn bringen. Viele junge Leute beklagen sich heutzutage über die großen Spannungen, die sie mit ihren Vätern haben. Sie machen es unmißverständlich klar, daß sie auf ihre Erzeuger zornig sind und mit ihnen nichts mehr zu tun haben wollen. Ist das überhaupt möglich? Wenn du die Leerheit aller Phänomene erkannt hast, bist du dir der Tatsache bewußt, daß auch du dich allein aus Elementen zusammensetzt, die Nicht-Du sind. Schau nur tief in dich hinein! Dann begreifst du, daß du nur eine Fortsetzung deines Vaters bist, daß keiner von euch beiden ein eigenständiges, unabhängiges Selbst hat, daß ihr in wechselseitiger abhängiger Beziehung voneinander existiert, daß ihr eins, d. h. leer seid.

Schau nur tief in dich hinein! Dann begreifst du,
daß du nur eine Fortsetzung deines Vaters bist,
daß keiner von euch beiden ein eigenständiges,
unabhängiges Selbst hat, daß ihr in wechselseitiger
abhängiger Beziehung voneinander existiert,
daß ihr eins, d.h. leer seid.

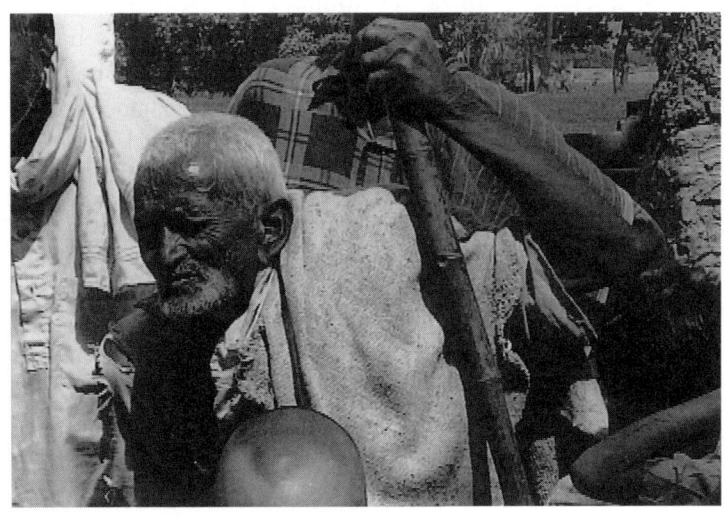

Die Leerheit der Übertragung

Es gibt eine Übung, in der es darum geht, die Leerheit der Übertragung (Transmission) zu erkennen. Du kannst sie praktizieren, wenn du ein Bad nimmst. Schau dir deinen Körper an und stell dir die Frage, wie die Übertragung deines Körpers von deinen Eltern und Vorfahren auf dich vonstatten gegangen ist. Bei einer solchen Übertragung sind drei Elemente im Spiel: Da ist erstens jemand, der überträgt, zweitens das Objekt der Übertragung, d.h. dasjenige, das übertragen wird, und drittens derjenige, der das Übertragene empfängt. Wenn du tief genug schaust und mit der Kunst des Meditierens vertraut bist, dauert es nur wenige Sekunden, bis du erkennst, daß alle diese drei Elemente leer sind: Keines kann ohne eines der beiden anderen oder sie beide existieren. Ohne daß da ein Großvater und eine Großmutter gewesen wären, gäbe es keinen Vater und nichts, was an dich hätte weitergegeben werden können. Noch genauer betrachtet, ist es ein ganzer Komplex von Generationen gewesen, der mitgewirkt hat bei der Entstehung dessen, was dein Vater an dich übertragen hat. Auch dein Vater ist Objekt der Übertragung; Generationen von Vorfahren haben ihn zu dem gemacht, was er ist. Ihr Leiden und ihr Glück, auch ihr Bewußtsein haben sie an ihn weitergereicht. Was deines Vaters Gene, sein Leiden und sein Glück betrifft, so bist du seine Fortsetzung, er hat sich dir vollkommen übertragen. Seine Weisheit und sein Glück, seinen Schmerz und seine Verzweiflung, das alles hat er an dich weitergegeben. Wie kannst du es wünschen, mit ihm nichts mehr zu tun zu haben? Je tiefer du schaust, desto mehr wirst du entdecken, denn in dir befindet sich die Quelle der Weisheit, des Verstehens und des Erwachens – du brauchst sie nur zu berühren.

*Je tiefer du schaust, desto mehr wirst du entdecken,
denn in dir befindet sich die Quelle der Weisheit,
des Verstehens und des Erwachens – du brauchst sie
nur zu berühren.*

Wenn du zu der Einsicht kommst,
daß Übertragung durch Leerheit gekennzeichnet ist,
wirst du aufhören, dich zu ereifern und wie
ein kleines Kind zu benehmen.
Du wirst erwachsen, denn Erwachen bedeutet,
erwachsen zu werden.

Zu erwachen heißt erwachsen zu werden

Heutzutage hegen viele junge Leute ihren Eltern gegenüber einen Groll. Sie machen ihnen Vorwürfe und brechen die Verbindung zu ihnen ab. Sie wollen nicht mehr an sie denken, weil sie so sehr leiden. Ist es aber möglich, sich von den Eltern völlig loszusagen und sie zu vergessen? Du willst zwar vergessen, aber das bedeutet nicht, daß du es auch kannst. Du sagst, du wollest eine neue Seite im Buch deines Lebens aufschlagen. Schaffst du das aber wirklich? Kannst du das, was gewesen ist, zu Nichts verwandeln? Denke daran, daß drei untrennbar miteinander verbundene Elemente bei der Übertragung zusammenkommen. Nämlich erstens derjenige, der überträgt, zweitens dasjenige, was übertragen wird und drittens derjenige, der das Übertragene empfängt. Diese drei sind eins. Du bist also der Empfänger deines Körpers und deines Bewußtseins, der Empfänger all der Samen von Glück und Kummer, Zorn und Haß. Gleichzeitig bist du aber auch Objekt der Übertragung und auch derjenige, der weiter überträgt. Wenn du zu der Einsicht kommst, daß Übertragung durch Leerheit gekennzeichnet ist, wirst du aufhören, dich zu ereifern und wie ein kleines Kind zu benehmen. Du wirst erwachsen, denn Erwachen bedeutet, erwachsen zu werden.

„Ich atme ein und sehe mich als fünfjähriges Kind.
Ich atme aus und umarme das fünfjährige Kind, das
ich einmal war, mit meinem Lächeln."

Dem inneren Kind in Liebe begegnen

Ein junger Amerikaner kam nach Plum Village, um dort zu praktizieren. Er hatte große Probleme mit seinem Vater und versuchte, alle Erinnerungen an ihn aus seinem Gedächtnis auszulöschen. Er wollte ihn vergessen; er konnte das Leid nicht mehr ertragen, das in ihm aufstieg, sobald er an ihn dachte. Dennoch bat ich ihn, einen liebevollen Brief an seinen Vater zu schreiben, sich zu bemühen, tief zu schauen und sich klarzuwerden über das, was er erkannte. Denn Briefeschreiben ist auch eine Art von Meditation, und tiefes Schauen führt zu Einsicht in das Nicht-Selbst, in die Vergänglichkeit und Leerheit aller Phänomene und ihr wechselseitiges Durchdrungen- und Abhängigsein (Intersein). Der junge Mann erfuhr viel Unterstützung durch die Sangha von Plum Village. Sie machten mit ihm Gehmeditation, Sitzmeditation, führten Dharma-Gespräche und dergleichen mehr. Das alles führte aber zunächst noch nicht dazu, daß er sich überwinden konnte, an seinen Vater zu denken.

Als mir klar wurde, wieviel Schmerz diese Übung in ihm auslöste, veränderte und vereinfachte ich sie ein wenig. Eine Woche lang bat ich den jungen Mann, nichts anderes zu tun, als achtsam ein- und auszuatmen und sich zu sagen: „Ich atme ein und sehe mich als fünfjähriges Kind. Ich atme aus und umarme das fünfjährige Kind, das ich einmal war, mit meinem Lächeln." Ein fünfjähriges Kind ist unendlich verletzbar und zerbrechlich. Ein böser Blick oder ein barsches Wort wie „Halt den Mund!" reichen aus, um sein zartes Herz zutiefst zu verletzen. Ohne es zu wollen, lassen Eltern ihre Kinder leiden. Sie sind nicht achtsam, sie beschäftigen sich zu sehr mit sich selbst. Sie machen sich nicht klar, was ihr Verhalten bei Kindern anrichten kann. Sie mögen besten

Mein Liebes,
ich weiß,
daß du da bist.
Sei ganz ruhig,
ich werde mich um dich kümmern.

Willens sein, ihre Kinder zu lieben, aber sie wissen nicht, wie man wirklich liebt. Sie können sich nicht gut genug in die Situation eines Kindes hineinversetzen und wissen nichts von seiner Verletzbarkeit und Zerbrechlichkeit. Wenn du also achtsam ein- und ausatmest und dich selbst als fünfjähriges Kind siehst, füllt sich plötzlich dein Herz mit unendlich viel Mitgefühl, Mitgefühl für dich selbst. „Ich atme ein und sehe mich als fünfjähriges Kind. Ich atme aus und umarme das fünfjährige Kind, das ich einmal war, mit meinem Lächeln." Dein Lächeln ist voller Mitgefühl. Du armes Kind, was hast du gelitten! Diese Erkenntnis läßt Mitgefühl aufkommen.

Liebe Freunde, dieses Kind ist immer noch in euch lebendig! Vor Jahren hat es sich verletzt gefühlt, und heute noch ruft es um Hilfe. Ihr müßt euch um es kümmern, ihm Aufmerksamkeit und Beachtung schenken. Das ist ganz wichtig! Übt Achtsamkeit beim Atmen und berührt das Kind in euch und sagt: „Mein Liebes, ich weiß, daß du da bist. Sei ganz ruhig, ich werde mich um dich kümmern." Das ist der erste Schritt. „Ich atme ein und sehe mich als fünfjähriges Kind. Ich atme aus und umarme das fünfjährige Kind, das ich einmal war, mit meinem Lächeln."

Eine Woche später gab ich dem jungen Amerikaner den zweiten Teil der Übung. „Ich atme ein und sehe meinen Vater als fünfjähriges Kind. Ich atme aus und umarme das fünfjährige Kind, das mein Vater einmal war, mit meinem Lächeln." Natürlich könnt ihr euren Vater oder eure Mutter nicht als fünfjähriges Kind gesehen haben. Aber auch sie sind einmal Kinder gewesen und genauso verletzbar und zerbrechlich wie ihr selbst in diesem Alter. Schaut euch die Fotos in eurem Familienalbum an! Dann bekommt ihr eine

Vorstellung davon, wie zart euer Vater mit fünf Jahren war. Und wenn ihr achtsam ein- und ausatmet, könnt ihr erkennen, daß auch er ein Opfer seines Vaters oder seiner Mutter war. Nur wenn wir so üben und tief schauen lernen, gelingt es uns, dem Kreislauf des Daseins (*samsara*) zu entrinnen.

Die Menschen werfen ihren Eltern häufig vor, sie als Kind verletzt und lieblos behandelt zu haben. Tatsächlich aber verhalten sie sich meist genauso wie ihre Eltern, denn in ihnen finden sich die gleichen negativen Energien, – Energien, die im Laufe ihres Lebens zur Gewohnheit geworden sind. Wenn es ihnen nicht gelingt, diese unheilsamen Energien zu transformieren, übertragen sie sie auf ihre Kinder und ihre Enkelkinder. Das ist Samsara. Wir müssen das Rad des Samsara zum Stillstand bringen, indem wir tief schauen, unsere negativen Energien anlächeln und sie transformieren. Es ist unsere Einsicht und nicht Gnade, die uns Befreiung und Erlösung bringt.

Die Menschen werfen ihren Eltern häufig vor,
sie als Kind verletzt und lieblos behandelt zu haben.
Tatsächlich aber verhalten sie sich meist genauso
wie ihre Eltern, denn in ihnen finden sich die
gleichen negativen Energien, – Energien, die im Laufe
ihres Lebens zur Gewohnheit geworden sind.
Wenn es ihnen nicht gelingt, diese unheilsamen
Energien zu transformieren, übertragen
sie sie auf ihre Kinder und ihre Enkelkinder.

„ Wo wirst du, mein geliebter
Mensch, in dreihundert Jahren sein?
Wo werde ich sein?"
Du brauchst nur achtsam ein- und aus-
zuatmen und dir vorzustellen,
wie es mit euch beiden in dreihundert
Jahren sein wird.
Dein Ärger wird sogleich verschwinden.
Und du erkennst, daß nichts
anderes wichtig ist, als auf den Menschen,
der vor dir steht, zuzugehen
und ihn in die Arme zu schließen.

In uns allen findet sich die Quelle höchster Weisheit
– die Quelle der Liebe.

Zur Wahrheit des Leidens erwachen

Der buddhistische Übungsweg läßt uns erwachen. Wir erwachen zur Wahrheit des Leidens, wir erwachen zum Verständnis der Ursachen des Leidens, wir erwachen zur Einsicht, daß Leiden beendet werden kann, und wir erwachen zur Erkenntnis des Pfades, der aus dem Leiden herausführt.

Der junge Mann, von dem ich sprach, ließ sich ein Foto seines Vaters schicken. Dieses Bild stellte er auf seinen Tisch. Sooft er das Zimmer verließ oder dorthin zurückkehrte, blieb er stehen und schaute seinem Vater in die Augen. Er befolgte die Meditationsanweisungen, die ich ihm gegeben hatte, und atmete achtsam ein und aus. Natürlich übte er Achtsamkeit auch während des Gehens, des Sitzens oder Abwaschens – genau wie alle anderen in einem buddhistischen Zentrum. Und eines Tages geschah es, daß Verstehen in ihm aufkam, daß er Mitgefühl für seinen Vater empfand – zum erstenmal. „Guter alter Vater, ich sehe jetzt, du hast genauso gelitten wie ich. Ich mache dir keine Vorwürfe mehr. Du hattest keine Gelegenheit, den Dharma, die Lehre, kennenzulernen und dich von deinem Leiden zu befreien, so wie ich es jetzt kann. Ich habe erkannt, daß Leiden sich überträgt, daß ein Mensch, der sehr leidet, mit seinem Leiden alle seine Mitmenschen überschwemmen kann. Ich habe eingesehen, daß du mich nicht hast leiden lassen wollen, daß dein Leiden aber zu groß war und du nicht anders konntest." Diesen Brief schrieb der junge Mann an seinen Vater – voll Mitgefühl und Liebe. Es war ein Brief der Versöhnung. Der Vater war schon gestorben; aber trotzdem schrieb der junge Mann den Brief, denn in ihm lebte der Vater ja weiter. Überwältigt von seiner Erkenntnis und seinem Mitgefühl, vergoß er Tränen dabei. Er empfand ein tiefes Glück, daß er sich mit seinem Vater versöhnt hatte, und fand den Frieden, den er so nötig hatte.

Unser Herz ist genauso der Liebe fähig
wie das des Buddha.
Geist ist Herz,
und Verstehen ist Liebe.

Mit dem Herzen verstehen

Wie alt bist du? Wie alt ist ein Senfkorn, ein Getreidekorn? Ein Samenkorn mag sehr jung sein, und dennoch ist in ihm alle Weisheit enthalten. In uns allen findet sich die Quelle höchster Weisheit – die Quelle der Liebe. In uns allen schlägt ein Herz des Verstehens, ein Herz der Liebe. In Zen-Tempeln wird täglich das Herz-Sutra rezitiert. Doch Rezitieren allein genügt nicht; wir müssen offen sein für die Worte und tief in sie eindringen. Ohne daß wir uns bemühen, die Quelle des Verstehens in uns zu berühren, bringt uns das Rezitieren nicht weiter. Auch andachtsvolle Hingebung ohne die Praxis des tiefen Schauens reicht nicht aus. Die meisten von uns lieben es, in Bodh Gaya den Bodhi-Baum zu berühren, sich hinzuknien und niederzuwerfen, denn das tut wohl. Die Gefühle kommen zur Ruhe, und das Leiden hat nicht mehr ein so großes Gewicht. Aber das ist nicht genug. Der Buddha legt uns nahe, tiefes Schauen zu praktizieren, damit wir die Schätze zutagefördern, die in uns verborgen liegen: Verstehen und Liebe. Der Geist des Verstehens kann in jedem von uns zum Leben erweckt werden, und unser Herz ist genauso der Liebe fähig wie das des Buddha. Geist ist Herz, und Verstehen ist Liebe.

Ich lasse mir mein Haar scheren
und lege das große Gelübde ab,
alles Leid und allen Schmerz zu überwinden
und vielen Menschen Glück zu bringen.

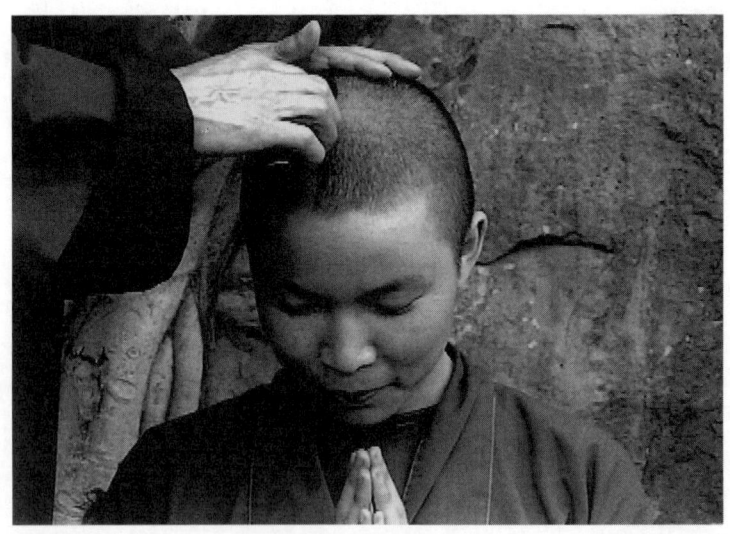

Zur Mutter des Buddha werden

Wie lange praktizierst du schon? Kannst du sicher sein, daß du volle Erleuchtung erlangen wirst? Kann dir jemand versprechen, daß das der Fall sein wird? Der Buddha lächelt und weist auf den Übungsweg. Was diesen Weg angeht, so ist er sehr jung, aber gleichzeitig ist er so alt wie die Mutter Erde. Alle Buddhas der Vergangenheit und alle Buddhas der Zukunft können wir in ihm berühren. Sie alle sind auch in uns lebendig. In uns ist Raum für alle. Wir sind wie die Mutter des Buddha, die ein tiefes Glück verspürte, als sie mit Siddharta schwanger war. Sie wußte daß es ein Buddha war, der in ihr heranwuchs. Das Avatamsaka-Sutra berichtet, wie unzählige Bodhisattvas zu ihr kamen und in ihren Schoß eintraten, um sich zu vergewissern, daß es dem Buddha in ihrem Leib gutgehe. Sie sagte: „In mir ist Raum für alle. Wer dem Buddha in mir Respekt erweisen will, möge kommen, und wenn es Millionen sind. Ich habe Platz für alle. Ich bin die Mutter aller Buddhas – die Mutter aller Buddhas der Vergangenheit, Gegenwart und Zukunft."

Auch du bist eine Mutter des Buddha. Auch du trägst ein Buddha-Baby in dir, ganz gleich, ob du ein Mann oder eine Frau bist. Denn in dir gibt es die Quelle der Weisheit, die Quelle der Liebe. Du bist die Mutter aller Buddhas der Vergangenheit, du bist die Mutter aller Buddhas der Gegenwart und wirst die Mutter aller Buddhas der Zukunft sein. Weil in dir Leerheit ist, ist in dir der ganze Kosmos enthalten, genau wie eine Lotusblume den ganzen Kosmos enthält. Die Erde legt Zeugnis ab von der Geburt und dem Dahinscheiden aller Buddhas. Mutter Erde hat auch dich hervorgebracht. Eines Tages wirst du zu ihr zurückkehren, um dich immer wieder aufs neue zu manifestieren. Du bist so alt wie die Erde, so alt wie der Kosmos. Und wie in Mutter Erde, wie in der Lotusblume ist auch in dir der ganze Kosmos enthalten.

Das Leiden achtsam umarmen

Das Avatamsaka-Sutra empfiehlt uns, im Kosmos eine schlichte Blume zu kontemplieren. Denn der Kosmos ist seiner Natur nach organisch. Auch dein Schmerz, dein Leiden, deine Freude, deine Hoffnung sind alle organischen Ursprungs, und deshalb können sie transformiert werden. Ein guter Gärtner weiß, daß aus Abfall Kompost wird und daß sich Kompost in Blumen zurückverwandeln läßt. Sei ein guter Gärtner und wirf den Abfall nicht einfach in die Mülltonne! Hebe ihn auf und sorge dafür, daß er sich in Kompost verwandelt, damit später Gemüse, Gurken, Papayas, Orangen und Blumen darauf wachsen können. Und wenn diese Blumen und Früchte dann wieder zu Abfall werden, wirst du keine Angst mehr haben, denn du bist ja schon mit der Kunst vertraut, ihn wieder in Blumen und Früchte zurückzuverwandeln. Der Unterschied zwischen einem Buddha und einem Nicht-Buddha besteht darin, daß der Buddha weiß. Es ist nicht so, daß ein Buddha ganz ohne Abfall wäre. Aber er weiß ihn wieder in Blumen zu verwandeln. Er kennt keine Angst.

„Dukkha" (Leiden) ist der Abfall. Und weil es *dukkha* gibt, können wir Nirvana erschaffen. Wir verdanken Nirvana unserem *dukkha*. Unwohlsein ist die Substanz, aus der wir Wohlsein herstellen können. Darum brauchen wir uns vor Schmerz oder Leiden nicht zu fürchten. Lerne die Kunst, tief zu schauen und das Leiden mit Achtsamkeit zu umarmen! Mit dieser Energie läßt sich Abfall in Blumen zurückverwandeln. Damit helfen wir uns selbst und allen anderen Menschen in der Welt.

Der Unterschied zwischen einem Buddha
und einem Nicht-Buddha besteht darin, daß der Budd-
ha weiß. Es ist nicht so, daß ein Buddha ganz ohne
Abfall wäre. Aber er weiß ihn wieder in Blumen zu
verwandeln. Er kennt keine Angst.

*Schau die Kinder tief an! Dann kannst du
in jedem von ihnen einen Vater oder eine Mutter des
Buddha, aller Buddhas erkennen.
Schau dich an und erkenne, daß auch in dir
die Energie lebendig ist, die dich in den
gegenwärtigen Augenblick zurückbringen und
zum wirklichen Leben erwecken kann.*

Siddharta lebt

Heute früh besuchten wir das Dorf Uruvela und trafen dort eine Menge Kinder. Ein kleiner Junge erschien mir wie Siddharta. Ich bin sehr glücklich, daß mein Buch „Old Path – White Clouds" in Hindi übersetzt worden ist. Ich machte ein Exemplar dem Bodhi-Baum zum Geschenk und ließ ein paar Exemplare für die Kinder von Uruvela zurück. Wir waren eine lange Zeit zusammen und sangen und sprachen miteinander. Siddharta ist noch immer unter ihnen. Der Fluß führt zu dieser Jahreszeit kein Wasser. Durchquerst du ihn, so triffst du am anderen Ufer Siddharta. Schau die Kinder tief an! Dann kannst du in jedem von ihnen einen Vater oder eine Mutter des Buddha, aller Buddhas erkennen. Schau dich an und erkenne, daß auch in dir die Energie lebendig ist, die dich in den gegenwärtigen Augenblick zurückbringen und zum wirklichen Leben erwecken kann. Ein Augenblick vollen Gewahrseins ist das Werkzeug, mit dessen Hilfe du die Quelle der Weisheit, die Quelle der Liebe in dir berühren kannst.

Nicht nur Buddhisten, sondern auch
Christen, Hindus, Juden, Moslems, Marxisten,
Humanisten können akzeptieren, daß jeder
von uns die Fähigkeit besitzt, achtsam zu sein.

Nachwort

Auf Buddhas Fußspuren – Der Film als Dharma-Belehrung

Thich Nhat Hanh sitzt im Lotussitz unter einem Baum, zu seinen beiden Seiten umfaßt er spindeldürre Bettelkinder. Unerschütterlich, gleich einem Berg bietet der braungewandete Mönch den zappeligen Kleinen Zuflucht. Er lächelt und die Kinder kuscheln sich unter seine schützenden Arme.

Bettelkinder werden oft als lästige Plagegeister verscheucht. Doch hier verjagt sie niemand, im Gegenteil, der vietnamesische Mönch umfaßt sie liebevoll und legt seine Liebe als unsichtbaren Schutzmantel über die quirligen, unterernährten Kleinen. Vollkommen in sich ruhend sitzt er da und freut sich mit den Kindern über ihr Zusammensein. Diese Szene, der Mönch als Zuflucht, berührt durch ihre alltägliche Schönheit und könnte zur Annahme verleiten, sie sei künstlich gestellt. Doch da war kein Hollywoodregisseur am Werk. Die Begegnung fand tatsächlich in solch bezaubernder Natürlichkeit statt: im Veluvana, dem Bambuswald, bei Rajgir Anfang März 1997.

Thomas Lüchinger hat sie gefilmt. Der Schweizer Filmemacher hat Thich Nhat Hanh auf seiner Pilgerreise zu den heiligen Stätten des Buddhismus begleitet. Anlaß zu dieser Pilgerreise bot, wie so oft in der buddhistischen Tradition, eine Einladung. Am 18. Februar traf Thich Nhat Hanh in Begleitung von zwölf Nonnen und Mönchen aus seinem Kloster Plum Village in Delhi ein. Weitere Freunde und Schüler aus der ganzen Welt schlossen sich an, um gemeinsam mit ihrem Lehrer Buddhas Fußspuren zu folgen. Zwanzig Zeitungen und mehrere Fernsehkanäle berichteten über die Ankunft. Der Vizepräsident von Indien widmete seinem Gast über das Doppelte der geplanten Gesprächszeit. Thay – so nennen ihn seine Schüler – hielt während der drei Wochen seines Aufenthaltes in Indien unzählige Vorträge, besuchte Schulen, führte Gehmeditationen an, erklärte Sitz- und Telefonmeditation. Von Sonnenaufgang bis Sonnenuntergang lebte er Achtsamkeit vor. Freundlich, sanft und ohne Stolz begegnete er Menschen aller Art. Ob Bettelkinder oder Persönlichkeiten des indischen Lebens aus Politik und Kultur, immer weckte er in ihnen den Samen der Buddhanatur, jene Fähigkeit zum achtsamen Leben, die in jedem Menschen steckt.

Die Stationen der Reiseroute: Bodh-Gaya, Rajgir, Nalanda, Kalkutta und Madras. Unter dem Boddhibaum in Bodh-Gaya fand Buddha seine Erleuchtung. Rajgir war zur Zeit des Buddha die Hauptstadt des Königreiches von Magadha und ein kulturell wichtiger Ort für Hindus, Jains und Buddhisten. Bimbisara, der König von Magadha, schenkte dem Buddha den Bambuswald. Die Stadt liegt, von mehreren kleineren Bergen umgeben, in der Nähe von Bodh-Gaya. Mit dem Geierberg wird das zweite Rad der Lehre, genannt das Herz-Sutra, in Verbindung gebracht. Dieses für den Mahayana-Buddhismus zentrale Sutra beinhaltet die Erkenntnis von der wechselseitigen Abhängigkeit aller Phänomene, thematisiert als solche die Leerheit oder in der Formulierung Thays: das Intersein. Nalanda, heute eine Ruinenlandschaft, galt im 7. Jahrhundert n. Chr. als die maßgebende Universität für Buddhismus und zählte mehr als 8000 Studenten und 1500 Gelehrte. Über Kalkutta führte die

Reise nach Madras. Dort gab Thich Nhat Hanh in den Räumen der Theosophischen Gesellschaft ein Retreat für seine indischen Schüler.

„Schritte der Achtsamkeit" ist ein Dokumentarfilm der besonderen Art. Er hält nicht den realen Verlauf der Reise fest, verzichtet sogar auf jegliche Nennung der Orte, und nur wer hier selbst eine Pilgerreise gemacht hat, erkennt die verschiedenen Landschaften und Orte wieder. Nach dem statischen Verweilen auf dem Gesicht Thich Nhat Hanhs während der Vorträge folgen Aufnahmen der praktizierten Achtsamkeit der Sangha, der Mönchs- und Nonnengemeinschaft. Immer wieder erfassen die Bilder das Gehen, halten fest, wie ein Fuß nach dem anderen, langsam und bewußt, die Erde berührt: einmal die Marmorplatten im heiligen Bezirk in Bodh-Gaya, ein anderes Mal den Sand des Flußbettes oder den Kies auf dem Weg durch den Park. Die andere Art der Erdberührung ist die Niederwerfung. Der Film hält sie ebenso fest wie das – Chanten genannte – Sutrenrezitieren der Nonnen und Mönche. Zu dieser Art von Bildern gehören auch die verschiedensten Begegnungen der Sangha mit der indischen Bevölkerung beim gemeinsamen Essen und Gehen. Diese beiden Bildtypen – Thay als Lehrer und das Zusammensein der Sangha – wechseln mit zwei weiteren Bildmotiven. Stille Naturaufnahmen antworten auf laute Straßenbilder. Blühende Büsche, am Himmel kreisende Vögel, weite Landschaftsaufnahmen der fruchtbaren Ganges-Ebene, Meereswellen in der Dämmerung finden ihre Ergänzung im rastlosen indischen Straßenalltag mit bunten Marktszenen, hupenden Rikschafahrern, schreienden Straßenverkäufern oder vorbeidonnerndern Lastwagen. Blicke aus dem fahrenden Bus lassen das samsarische Treiben des menschlichen Lebens bunt und laut vorüberziehen. Jede

Bildsequenz folgt gleichwertig der anderen, die Kameraein-stellungen verweilen für das schnelle Schnitte gewöhnte Auge relativ lange. Jedes Bild will nur zeigen. Es verzichtet somit auf interpretierende Elemente wie effektvolle Rhyth-men der Bildabfolge oder extreme Variationen der Distanz von der Kamera zum gefilmten Objekt. Die relative Gleich-stellung von Nah und Fern des Bildes korreliert mit dem Stilmittel der Wiederholung der vier Bildtypen und verhin-dert eine affektive emotionale Reaktion von Seiten des Zu-schauers.

Es ist die Stimme von Thich Nhat Hanh, welche die Bild-typen verbindet. Seine Worte führen über die einzelnen Motive hinaus. Im Klang seiner Stimme lösen sich die Außengeräusche wie das Krächzen der Raben oder der viel-stimmige Verkehrslärm der indischen Straße immer wieder auf. Raga-Musik dient als das andere übergreifende Tonele-ment. Der rhythmische, trockene Klang der Tabla und die Melodie der Sitar begleiten die Blicke über die Ganges-Landschaft. Sie verbinden die Berggipfel von Rajgir mit dem Meereshorizont bei Madras und vergegenwärtigen, daß wir uns in Indien befinden.

Wieso fasziniert ein Dokumentarfilm, der offensichtlich für seine Gattung atypisch ist und gänzlich ohne erläuternden Kommentar auskommt? Was dokumentiert „Schritte der Achtsamkeit" tatsächlich? Thich Nhat Hanh gibt auf die Fra-ge die Antwort, daß es sich um eine Dharmabelehrung hand-le. Seine Dharmabelehrungen sind immer auch Belehrungen über die Achtsamkeit. Diese bestimmt sein ganzes Wesen, führt sein Reden und Zuhören, leitet ihn beim Sitzen und Liegen, Gehen und Stehen. Deshalb ist die Achtsamkeit auch der entscheidende Schlüssel zum Verständnis des Films.

Achtsamkeit ist ein Zauberwort; in vieler Leute Mund, entfaltet sie sich nur durch harte Arbeit. Unspektakulär liegt sie im Vergegenwärtigen eines jeden Atemzuges und holt so leise den Praktizierenden in die Realität des gegenwärtigen Momentes. Achtsamkeit verlangt hohe konzentrative Disziplin. Wie leicht die entgleitet, wie schnell Gedanken den Geist vom Atem wegführen, verdeutlicht Thich Nhat Hanh mit einem Stück Papier. Sein Zeigefinger gleitet der oberen horizontalen Blattkante entlang, entfernt sich auf halber Wegstrecke unmerklich vom Blattrand und findet sich im letzten Drittel irgendwo oberhalb der Kante. Erreicht der Übende die Fähigkeit, seinen Geist nicht mehr entgleiten zu lassen, sondern fest und unverrückbar durch den Atem zu sammeln, entsteht eine machtvolle, konzentrative Kraft. Thich Nhat Hanh verkörpert reine Achtsamkeit und ist das beste Vorbild für die transformierende Macht des Atems.

Diese Macht läßt die unruhigen Bettelkinder zahm wie Lämmchen werden und glucksen vor Vergnügen, wenn ihnen die Mönche vor dem gemeinsamen Mahl die Hände waschen. Der ruhige Rhythmus von Thays Bewegungen, der leise Klang seiner Stimme bestimmen den Film. Jeder Atemzug ist gleichwertig dem vorangegangenen, jedes Bild folgt gleichwertig auf das nächste. Der Fluß des Atems spiegelt sich im additiven Nacheinander der Bilderfolge. Ohne Wertung bedeutet auch: ohne Urteile und Vorurteile. Als hätte Thays Achtsamkeit seine Umgebung durchdrungen, ruhen auch die Bilder in dieser Geborgenheit. Es ist, als verschmelze die Realzeit des Filmes mit derjenigen des Betrachters. Die Achtsamkeit erschließt so einen neuen Raum für die Begegnung mit der Welt. Das Im-Moment-Sein hebt Nähe und Ferne auf. Der Atem von gestern ist nicht mehr, und derjenige von morgen ist noch nicht. Die Distanz zwischen Vergangenheit und Zukunft entfällt. Die Gegenwart ist vollkommen präsent. Der Raum zwischen Realität und Wunsch fällt in sich zusammen. Diese Egalität von Nähe und Ferne prägt den Film. Sie verleiht ihm die stille Faszination.

Der Abendländer hegt immer noch die romantische Sehnsucht nach dem Verweilen im Wunderbaren. Tatsächlich kann das Wunderbare hier und jetzt stattfinden: jederzeit und überall dort, wo das Mittel der Achtsamkeit angewendet wird. Die Praxis der Achtsamkeit holt aus dem spekulativen Symbolisieren in die Realität und führt aus dem Schein in das Sein. Im Film besucht die Gruppe in Delhi das von den Jains geführte Krankenhaus für Tauben. Thich Nhat Hanh träufelt einem kranken Vogel ein Medikament in den Schnabel und läßt ihn fliegen. Eine symbolische Tat? Thay verneint die Frage der Journalistin; was zählt, sei die reale Handlung. Das Wunder zeige sich nicht im Auf-dem-Wasser-Gehen, sondern verbirgt sich im Gehen auf der Erde.

Thich Nhat Hanh ist auch ein großer Gelehrter des Dharma. Er hat die buddhistischen Quellenschriften in Pali, Sanskrit und Chinesisch studiert. Seine Bescheidenheit und Natürlichkeit, mit der er den Menschen in Indien begegnet, lassen diesen Aspekt seiner Person beinahe vergessen. Lächelnd, voller Freude hört er dem Dorfschullehrer zu, der aus seiner Buddha-Biographie „Alter Pfad, weiße Wolken" in Hindi Schülern und Erwachsenen vorliest. In diesem Buch verarbeitete Thay sein Wissen in eine poetische Nachzeichnung von Leben und Wirken des historischen Buddha. Aber wie in seinen Märchen ist auch in ihr der gesamte buddhistische Lehrkomplex enthalten.

Es ist eine Biographie, die nur geschrieben werden konnte von einem Mönch, der in beharrlicher Erkenntnisarbeit Buddhas Lehre wie kaum ein anderer heutzutage in Tat, Wort und Gedanken weitergibt. Thich Nhat Hanh ist vorrangig Lehrer. Die Vertreibung aus Vietnam hat ihn zu einem solchen gemacht. Eine Krise in seinen Flüchtlingsjahren ließ ihn Plum Village gründen. Dieses Kloster und Retreat-Zentrum in Südwestfrankreich zählt heute über hundert Nonnen und Mönche. Jedes Jahr ordiniert er Novizen. Auf dem Geierberg findet eine Handlung statt, die vielleicht zu den wunderbarsten Sequenzen des Films gehört. Zur nachhaltigen Bekräftigung ihrer Ordination nimmt Thay den Nonnen nochmals ihr Gelübde ab. Indem er ihnen Haare abschneidet, schneidet er die Anhaftung durch. Anschließend rasieren sich die Nonnen gegenseitig den Schädel kahl. Sie tun die schmerzende Arbeit auf eine liebevolle Art und Weise.

Thay legt großes Gewicht auf das Leben in der Gemeinschaft. Auch in den indischen Vorträgen gilt seine Botschaft immer wieder dem Zusammenleben. Besonders am Herzen liegen ihm die Kinder, denen er in den Sommerretreats spezielle Belehrungen gibt. In Rajgir teilen seine Nonnen und Mönche mit den Bettelkindern eine gemeinsame Mahlzeit. In Bodh-Gaya üben sie mit den dortigen Bettelkindern Gehmeditation. Beim Besuch einer Schule erklärt die junge Nonne den Kindern, daß sie in ihnen wunderbare Blumen erblicke. Jede sei einzigartig und verschieden von der anderen. Staunend strahlen unzählige Augenpaare zurück.

Laura-Sophia Arici, im Juli 1998.

Schritte der Achtsamkeit –
eine Reise mit Thich Nhat Hanh

Regie und Kamera: Thomas Lüchinger
Montage: Anja Bombelli
Ton: Claudia Willke
Produktionsleitung: Eva Bischofberger
Musik: Raga Puria, Harsh Wardhan
Produktion: roses for you, Zürich
Co-Produktion: Beat Curti
Tonstudio: Jürg von Allmen
und Pierre Bendel
Editstudio: Charlotte Eichhorn
Blow Up: Swisseffects, Zürich
35mm Kinofilm, englisch mit deutschen
und französischen Untertiteln
83 Min, farbig.
Copyright: roses for you, Zürich,
Thomas Lüchinger 1998

Der Film „Schritte der Achtsamkeit"
wird auf Video, mit deutschen Untertiteln erhältlich sein.
Der Film „Schritte der Achtsamkeit – eine Reise mit Thich
Nhat Hanh" wurde möglich, dank der Unterstützung von:
Beat Curti, Evang. Landeskirche der Schweiz, Volkart Stiftung
Winterthur, Kath. Kirche des Kantons Zürich, A. Schmidhei-
ny-Stiftung, SONY-Schweiz, Jecklin Zürich, A. + E. Seyfried,
K. + B. Bischofsberger und anderen.